EL PRECIO
NO IMPORTA,
EL PAGO
SI

**POR:
JULIO C. ROQUE**

Copyright © 2020 por Julio C Roque

Impreso en los Estados Unidos de América.

Todos los derechos reservados. Ninguna parte de esta publicación puede ser reproducida, distribuida o transmitida en cualquier forma o por cualquier medio, incluyendo fotocopias, grabaciones u otros métodos electrónicos o mecánicos sin el permiso previo por escrito del editor, excepto en el caso de citas breves incorporadas en revisiones críticas y ciertos otros usos no comerciales permitidos por la ley de derechos de autor.

Para solicitudes de permiso, comuníquese con el editor utilizando la información de contacto a continuación.

Publicado por Roque Enterprise, LLC

Copyright © 2020

Para cualquier solicitud, comuníquese con el editor.

info@pricedoesntmatter.com

Todos los derechos reservados

Aviso legal: este libro es solo para fines educativos e informativos. No tiene la intención de proporcionar ningún consejo financiero, legal o crediticio. Siempre asegúrese de consultar con los profesionales adecuados antes de tomar cualquier decisión.

Contenido

Dedicación 1

Introducción 3

Sobre el autor 7

CAPÍTULO 1: VERDADERA ASEQUIBILIDAD: ¡CÓMO FUNCIONA REALMENTE UNA HIPOTECA! 9

Introducción del capítulo 9

El coeficiente deuda – ingresos (DTI) explicado 10

La verdad detrás de la pre-aprobación de un banco 11

Más por su dinero 15

Propiedad de inversión ocupada por el propietario 17

CAPITULO 2: PLANIFICACIÓN ADECUADA 23

Tipo de hogar 23

Presupuestación 26

Crédito 28

Firma conjunta 31

Fondos requeridos 33

CAPÍTULO 3: ENTENDER LOS INGRESOS 39

Ingresos W2 39

Usar varios trabajos 40

Ingresos Comisionados y Variables 41

Prestatarios autónomos 42

Anexo E Ingresos por alquiler 46

Ingresos de seguro social, jubilación, manutención de niños y colocación familiar 47

CAPÍTULO 4: PROGRAMAS DE PRÉSTAMOS 51

Overlays 52

FHA 53

Convencional 55

Fannie Mae HomeReady 57

Freddie Mac HomePossible 58

VA 59

USDA 59

Programas comunitarios de subvenciones 61

CAPÍTULO 5: OBTENER UNA PRE-APROBACIÓN 63

El secreto para una transacción fluida 63

La organización es la clave 64

CAPÍTULO 6: EL EQUIPO DE ENSUEÑO 71

El equipo adecuado = una transacción exitosa 72

CAPÍTULO 7: LA CASA DE SUS SUEÑOS LE ESPERA 77

Buscar el hogar adecuado 77

Guerra de pujas y negociación de una oferta 81

Fechas importantes de la oferta 86

Inspecciones de viviendas y otras inspecciones 90

Negociar los resultados de la inspección 90

El acuerdo de compra y venta 92

CAPÍTULO 8: ASEGURAR EL FINANCIAMIENTO 93

Documentos necesarios 93
Cartas de motivación y cartas de explicación 95
Obtener un seguro 98
La tasación 99
La espera 100

CAPÍTULO 9: APROBADO PARA CERRAR Y EL CIERRE 103

CTC "Música para mis oídos" 103
El cierre 104

CAPÍTULO 10: POST-CIERRE 107

Servicios Públicos 107
Revise sus ventanas 108
Mangueras y grifos de agua para exteriores 108
Busque grietas 108
Filtros y Calefacción 108
Linternas y baterías 109
No ignore las hojas 109
Revise si hay fugas de agua 109
Su pago fijo no es tan fijo 110
Una nota final 111

Dedicación

Me gustaría dedicarle este libro a todas las personas maravillosas que han estado ahí para mí a lo largo de mi vida; a mi maravillosa esposa, Maiden Gómez, quien siempre me ha apoyado en los buenos y malos momentos, y cuyo amor me ha ayudado a superar algunos de los desafíos más difíciles; a mi tío y tía, Carlos y Elizabeth Palacios, quienes me brindaron un hogar cuando más lo necesitaba; a mi hermano Mario Roque cuyo amor y lealtad es inigualable; a Ann Sabbagh, quien generosamente le dio a un extraño la oportunidad de crecer, brillar y triunfar.

Se lo dedico a todos los nuevos amigos y familiares que he hecho a través de las industrias hipotecaria e inmobiliaria. He tocado la vida de tantas personas como ellos la mía. He estado en sus bodas, fiestas de cumpleaños, reuniones familiares, primeras comuniones, vísperas de Navidad e incluso he recibido a miembros recién nacidos de sus familias en los hogares que les ayudé a lograr. Me han recibido calurosamente en los hogares y en la vida de tantas personas con tanto amor. Ver cuántas vidas he impactado a lo largo del camino me ha enamorado de la industria. Una casa es mucho más que ladrillo y cemento.

Es un lugar donde se crean los recuerdos; reímos con nuestros seres queridos, lloramos en las dificultades y sentimos el confort cuando buscamos escapar del resto del mundo. Es el lugar donde guardamos para siempre los recuerdos más entrañables e íntimos de nuestras vidas. Realmente me siento bendecido de ser parte de todos estos recuerdos.

Por último, se lo dedico a un buen amigo a quien aún no he conocido, pero si Dios quiere, algún día lo haré, Tony Stark Policci. En uno de mis momentos más bajos de la vida, Tony generosamente me ayudo en un proyecto mientras yo intentaba levantarme de nuevo. Es un querido amigo. Definitivamente sabe cómo poner mis palabras en perspectiva.

Introducción

Estaba cansado de ver a la gente perder cantidades inimaginables de dinero, tiempo y cordura en transacciones fallidas de compra de vivienda. Lancé Re-Connect para ayudar a las personas a lograr el sueño de tener la casa adecuada, al tiempo que facilitaba mucho la vida de los agentes. Este libro no se trata de esos agentes. Se trata de usted, el comprador de vivienda. Creo que todos pueden invertir y ahorrar mucho dinero una vez que comprendan un principio básico:

> ¡El precio no importa, el pago sí!

"El precio no importa, el pago sí", es una frase que cambiará su experiencia de compra de vivienda. En esencia, puede parecer un acertijo para personas ajenas a la industria, pero estoy aquí para decirle que no tiene por qué ser difícil. Esta sencilla guía le dirá todo lo que necesita saber. Mejor aún, lo hará de una manera que pueda comprender. Dejemos los términos técnicos a los profesionales y comprendamos juntos su futuro financiero. Con este libro a su lado, ahorrará mucho dinero y nunca volverá a entrar ciego en una transacción.

> Se podría decir que leer este libro es una inversión sólida.

Me apasiona infinitamente ayudar a las personas a tomar decisiones financieras inteligentes. A través del pensamiento creativo y las soluciones inventivas, todos pueden tener las oportunidades de inversión que se merecen. Este libro es solo una parte del plan para nivelar el campo de juego en la compra de vivienda.

A través de más de 18 años de experiencia en bienes raíces, hipotecas, suscripción e iniciación de préstamos con formación en ambas partes de las transacciones, he aprendido una manera mejor que el estándar de compras de la industria. Este es un libro para los compradores; Usted se merece sacar el máximo partido a su inversión y solo puede hacerlo si comprende la industria de adentro hacia afuera.

La mayoría de las personas no se dan cuenta de que existe una correlación directa entre la denegación de una hipoteca y la verdadera asequibilidad. "La Oficina de Protección Financiera del Consumidor publicó recientemente datos de préstamos hipotecarios a nivel de préstamos presentados por más de 5.600 bancos comerciales, asociaciones de ahorro, cooperativas de crédito y compañías hipotecarias cubiertas por la Ley de Divulgación de Hipotecas para Viviendas (HMDA)". (Corelogic, 2019).

Esos datos mostraron que se *denegaron* 2.65 millones de solicitudes de préstamos garantizadas por propiedades unifamiliares de una a cuatro unidades (incluidas las casas prefabricadas), haciendo que la tasa global de denegación sea del 24,7%. De esa tasa de denegación, una relación deuda-ingresos (DTI) más alta fue la responsable de más del 36,8% de las solicitudes de compra de vivienda denegadas, lo que significa que ni siquiera podían pagar la casa que estaban tratando de comprar. La mayoría de estas negaciones fueron el resultado de un sistema defectuoso.

He intentado incansablemente arreglar este sistema a través de la educación y el software que he diseñado para la industria (Corelogic, 2019).

Sobre el autor

Mi nombre es Julio. Soy emprendedor y el inventor de un sistema propietario que ayuda a los compradores a comprar viviendas basándose en una verdadera asequibilidad. Aporto la empatía y el toque humano que es tan imperativo dentro de mi industria.

Quiero ayudar a los clientes a evitar decepciones al sacar a la superficie su asequibilidad real y auténtica. Demostrando que no hay necesidad de "conformarse" con lo que "cree" que puede pagar. Lo más probable es que pueda encontrar algo mucho mejor de lo que cree.

He estado en la industria hipotecaria y de bienes raíces por más de 18 años y estoy involucrado en todos los aspectos de la industria. He enseñado y educado a miles de compradores de vivienda por primera vez, he capacitado a profesionales de la industria y he tenido un gran éxito como prestamista hipotecario de alto rendimiento, especialista en reparación de crédito, asegurador hipotecario, corredor-propietario de bienes raíces, inventor, emprendedor y autor.

También soy el fundador/propietario de Re-Connect, LLC. Soy un pensador innovador y un inventor con tecnología pendiente de patente que cambiará la industria y ayudará a los compradores a comprar de manera más inteligente, no más difícil. La industria tiene muchos defectos, pero la misión de mi vida ha sido ayudar a las personas a comprenderla y enseñarles cómo comprar una casa de manera adecuada.

También sé lo que es empezar de nuevo después de tocar fondo. Me diagnosticaron la enfermedad de Crohn a los 15 años, tuve un terrible accidente de motocicleta a los 27 y me sometieron a una cirugía mayor por un tumor de estómago a los 34.

Más de una vez lo he perdido todo, pero siempre he podido recuperarme. De hecho, estas experiencias me han forjado un corazón de oro y una negación a renunciar. Ahora estoy en una nueva misión. A la edad de 44 años, mi objetivo es impactar las vidas de tantas personas como sea humanamente posible mientras las ayudo a crecer para tomar decisiones financieras más sabias e inteligentes.

Capítulo 1

Verdadera asequibilidad: ¡Cómo funciona realmente una hipoteca!

Introducción del capítulo

¡El precio no importa, el pago sí! ¡Recuerde esas palabras! Para entender completamente lo que significan esas palabras, primero debe comprender el proceso de compra de una vivienda y cómo funciona realmente una hipoteca. Verá, el mayor problema en la industria es que los compradores generalmente compran casas basándose en conjeturas fundamentadas.

He pasado años perfeccionando y desarrollando la tecnología y el método para ayudar a los compradores a tener más conocimientos y a tener más éxito en la compra de su casa. Quiero asegurarme de que la compra se base en una verdadera asequibilidad frente a los métodos tradicionales, ya que la mayoría de los prestamistas emiten hoy aprobaciones previas basadas en conjeturas fundamentadas.

Si reside en los Estados Unidos, puede comunicarse conmigo y estaré más que feliz de ayudarle o guiarle en la dirección correcta. Puede visitar mi sitio web www.juliocroque.com para obtener toda mi información de contacto. Dicho esto, ¡vamos ahí!

El coeficiente deuda – ingresos (DTI) explicado

Hablemos del DTI, deuda-ingreso. Estos son porcentajes usados en la industria hipotecaria para determinar si usted califica para una vivienda.

Hay una proporción de gastos vivienda y una proporción de endeudamiento. Ambos son bastante simples y fáciles de entender. De hecho, todo es matemática sencilla. La proporción de gastos de vivienda es el pago total de su hipoteca (principal, intereses, impuestos, seguro, HOA) dividido por sus ingresos.

Por ejemplo, si el pago total de su hipoteca es de $1.800 al mes y su ingreso es de $5.000 al mes, su proporción de gastos de vivienda es del 36%.

Ejemplo: $1.800 / $5.000 = 36%

Su proporción de deuda total es el pago completo de su hipoteca (capital, intereses, impuestos, seguro, HOA) más sus deudas mensuales, como el pago del automóvil, préstamos estudiantiles, pagos con tarjeta de crédito, divididas por sus ingresos.

Por ejemplo, si el pago total de su hipoteca es de $1.800 al mes más $300 al mes en otras deudas (para un total de $2.100) y su ingreso es de $5.000 al mes, entonces su proporción de deuda total es del 42%.

Ejemplo: $1.800 + $300 = $2.100 / $5.000 = 42%

Entonces, en este ejemplo, su DTI sería 36% / 42%. Todos los programas de préstamos pueden tener diferentes requisitos cuando se trata de DTI.

La verdad detrás de la pre-aprobación de un banco

Independientemente de si está comprando una propiedad de $300.000 o una propiedad de $20.000.000, los prestamistas cuestionan la asequibilidad de la misma manera: ¿puede pagar el pago mensual?

De los millones de hipotecas denegadas que mencioné en la introducción de este libro, una buena parte es el resultado de compradores que intentan comprar propiedades que no pueden pagar, a pesar de tener una carta de pre-aprobación previa (una carta que se basa en una conjetura).

Ahora, no nos adelantemos aquí. Hay mucho más que capital e intereses en el pago de una hipoteca, ¡pero no se preocupe! Todo se cubrirá a lo largo de este libro.

Una vez me sorprendió un supuesto oficial de préstamos veterano en la industria. Pregunté sobre el proceso de la carta de pre-aprobación: la respuesta que siguió me sorprendió absolutamente.

Esto fue lo que sucedió:

Después de preguntarle cómo maneja las pre-aprobaciones, dijo que recopila documentos y los envía al asegurador. El asegurador luego revisa los documentos y da luz verde junto con el monto del precio de compra al oficial de préstamos. A partir de entonces, el oficial de préstamos le proporciona al comprador un certificado de pre-aprobación con el gran número de pre-aprobación impreso justo en el medio.

> Recuerde: el precio no importa, el pago sí

Cuando le pregunté qué pasaría si el comprador encontrara una propiedad fuera del alcance de los cálculos de los aseguradores usados para determinar el pago que les dio ese monto de pre-aprobación, me miró como si estuviera hablando un idioma extranjero. Por mucho que traté de explicarle, no tenía ni idea. Luego, le pregunté si alguna vez recibe negaciones, y respondió: "Sí, por supuesto". Pregunté "¿por qué?" Él respondió: "Bueno, algunos cambios", y cuando le pregunté cuáles eran los cambios, simplemente recibí las mismas respuestas sin más aclaraciones. No tenía ni idea de cómo funciona realmente este proceso; llevándome a orar por los pobres compradores... ¡que DIOS los ayude!

Si los profesionales en los que confía no tienen idea de lo que está sucediendo, ¿cómo puede usted, como comprador, sentirse seguro? Recuerde esta historia mientras continuamos, y mientras explico la verdadera asequibilidad.

En resumen, su aprobación previa se basa en un pago mensual, **NO** en un precio de compra. Ese pago se determina como un porcentaje de sus ingresos mensuales. Dado que los prestamistas no saben qué casa comprará y los detalles que impulsan ese pago, basan todo en una conjetura.

Por ejemplo, John gana $3.000 al mes. Con un préstamo convencional, califica para un pago hipotecario máximo que debe incluir capital, intereses, impuestos, seguro, seguro hipotecario privado (PMI) y cualquier tarifa aplicable de HOA (asociación de propietarios). Ese pago no debe superar el 45% de sus ingresos, es decir $1.350 al mes. Hay excepciones que van hasta el 50% dependiendo de la situación, pero nos quedaremos con el 45% para este ejemplo y asumiremos que John no tiene deudas.

Ahora John va a un banco donde el oficial de préstamos analiza esto e ingresa números en el sistema. El oficial de préstamos jugará con diferentes escenarios hasta que encuentre lo que cree que es un monto de préstamo razonable.

Por ejemplo:

Precio de compra:	$180.000
Pago inicial: 5%	$9.000
Monto del préstamo:	$171.000
Tasa de interés:	4%

Pago de capital e intereses:	$950.00
Monto mensual del seguro:	$75,00
Monto mensual de impuestos:	$300,00
Seguro hipotecario privado mensual:	$25,00
PAGO TOTAL:	**$1.350,00**

Entonces, ahora el banco le dará a John una carta de pre-aprobación por $180.000 basada en el cálculo anterior, que no es más que una conjetura. Es una práctica común hacerlo de esta manera porque el banco no tiene ni idea de qué elegirá John para una casa. Sin embargo, esto puede causar problemas importantes.

Si John encuentra una casa donde los impuestos anuales **EXCEDEN** los $300 al mes (digamos $400 al mes), su pago aumentará en $100 al mes y esencialmente lo descalificaría. Comenzará el proceso y posiblemente gastará dinero en una casa que ni siquiera puede comprar porque estaba fuera del alcance de lo que calculó el oficial de préstamos. John no tenía idea, porque confiaba en la precisión de la carta de pre-aprobación. Confiar en las suposiciones del oficial de préstamos puede resultar en que se gaste dinero en inspecciones y tasaciones de viviendas para luego terminar con una negación. Este problema ha provocado que la gente pierda millones de dólares en todo el país.

Ahora, volviendo a mi historia, puede ver por qué me sorprendió que el oficial de préstamos no tuviera ni idea. Los prestamistas se preocupan por los pagos, no por el precio. Dos viviendas con el mismo precio pueden conllevar dos pagos completamente diferentes en función de otros gastos, por ejemplo, impuestos, y una puede descalificar rápidamente a una persona mientras que la otra no.

Más por su dinero

Dado que los prestamistas basan sus aprobaciones previas en conjeturas, John podría perderse una vivienda aún mejor y más asequible. Se le ha dado por error la mentalidad de que solo califica para $180.000 cuando en realidad califica para un pago, no un precio. Esto ha provocado que millones de compradores de vivienda pierdan oportunidades de tener una vivienda mejor.

Por ejemplo:

Precio de compra:	$200.000
Pago inicial: 5%	$10.000
Monto del préstamo:	$190.00
Tasa de interés:	4%
Pago de capital e intereses:	$1.045,00
Monto mensual del seguro:	$75,00
Monto mensual de impuestos:	$175,00
Seguro hipotecario privado mensual:	$29,00
PAGO TOTAL:	**$1.324,00**

Verá, en el ejemplo anterior, había una casa de $200.000 que habría tenido un pago menor que la casa de $180.000, pero el comprador nunca, ni en un millón de años, lo habría sabido. Recuerde, a los bancos no les importa el precio de la vivienda; sólo les importa si usted puede o no pagar el pago mensual.

Esto se vuelve aún más asombroso cuando compra una propiedad de inversión ocupada por el propietario, como una casa familiar para 2 a 4. Si su aprobación real es un pago basado en un porcentaje de sus ingresos y ahora está comprando una propiedad que genera ingresos, no hay forma de determinar los ingresos futuros de una propiedad que seleccione excepto por medio de una conjetura. Esta es una receta para el desastre y ha provocado que los compradores pierdan oportunidades o terminen con una negativa debido a los bajos ingresos por alquiler, todo nuevamente debido a un sistema defectuoso.

Ryan Serhant y yo nos conocimos en Nueva York, y mientras hablaba con él sobre mis proyectos, corrí números por diversión en algunas propiedades de Nueva York. Me quedé impresionado al ver un condominio de 4.200 pies cuadrados, que se vendía por $13.950.000 con el mismo pago mensual exacto que una casa adosada de 9.112 pies cuadrados listada por $17.500.000 a pocas cuadras de distancia.

Esa es una diferencia de 3.5 millones de dólares por el mismo pago en una propiedad mucho más grande y agradable. Entonces, ¿cuál era el truco? El condominio tenía una tarifa de área común enorme que la casa adosada no tenía, por lo que el pago era exactamente el mismo en ambos. Por lo tanto, si los bancos prestan en función del *pago, no del precio*, en realidad podría permitirse cualquiera de los dos, pero el comprador promedio no lo sabe.

Propiedad de inversión ocupada por el propietario

Financiar las pre-aprobaciones de las propiedades de inversión ocupadas por el propietario puede fluctuar enormemente y puede ser extremadamente confuso, por lo que quiero dividirlo todo en su propio segmento. Tomemos un ejemplo con algunas propiedades que podría encontrar en línea y comprobarlo usted mismo.

Suponga que tenemos un comprador con $3.750 en ingresos mensuales interesado en dos propiedades. Tiene las siguientes deudas: Coche $350; tarjetas de crédito $118; préstamo personal $150; préstamos para estudiantes $104, por un total de $722 al mes. Mire cómo se compara con las siguientes dos propiedades:

10 Merrifield Street

Edificio de 3 familias

Ingresos por alquiler si ocupa el primer piso:

$2.976, de los cuales el prestamista le permitirá usar el 75% $2.232

Ingresos utilizables totales para la compra:

$5.982 es decir $3.750 + $2.232

Información de pago de hipoteca: Préstamo FHA tasa de interés anual del 3%

Principal e intereses	$1.738,66
Seguro	$170,00
Impuestos	$374,75
Seguro hipotecario	$284,35
PAGO TOTAL	**$2.567,76**

Si recuerda la lección sobre el coeficiente deuda - ingresos, recordará que la mayoría de los programas de préstamos tienen dos proporciones. El primero es el pago de su vivienda dividido por sus ingresos. El segundo es el pago de la vivienda y las obligaciones mensuales divididas por sus ingresos. Ahora con un préstamo de la FHA, las tasas de calificación son 43% para vivienda y 55% para vivienda más pasivos corrientes mensuales.

Hagamos algunas cuentas:

$ 2.567,76 dividido por el ingreso total de $5.982,00 es 42,925% de la vivienda y $ 2.567,76 más la deuda mensual de $722 = $ 3.289,76 dividida por $5.982 = 54,994% de la deuda total.

Vivienda:	$2.567,76 / $5.982,00 = **42,925%**
Vivienda + deudas:	$2.567,76 + $722 = $3.289,76 / $5.982,00 = **54,994%** Como puede ver, está perfectamente calificado con los ingresos.

Ahora échele un vistazo a una casa diferente para este mismo comprador.

51 Proctor Street

Edificio de 3 familias

Ingresos por alquiler si ocupa el primer piso:

$1.425 de los cuales el prestamista le permitirá usar el 75% $ 1.068,75

Ingresos utilizables totales para la compra:

$4.818,75 que es $3.750 + $ 1.068,75

Información de pago de hipoteca: Préstamo FHA tasa de interés anual del 3%

Principal e Intereses	$1.345,39
Seguro	$170,00
Impuestos	$408,75
Seguro hipotecario	$220,04
PAGO TOTAL	**$2.144,18**

En un préstamo de la FHA, las tasas de calificación son 43% para vivienda y 55% para vivienda más pasivos corrientes mensuales.

Hagamos algunas cuentas:

$2.144,18 dividido por el ingreso total de $4.818,75 es 44,497% de vivienda y $ 2.144,18 más deuda mensual de $722 = $2.866,18 dividido por $4.818,75 = 59,480%.

Vivienda:	$2.144,18 / $4.818,75 = **44,497%**
Vivienda y deudas:	$2.144,18 + $722 = $2.866,18 / $4.818,75 = **59,480%**

Como puede ver, a pesar de un precio de casi $95.000 más bajo, este comprador no podría pagar esta propiedad según los números y las pautas.

Este ha sido un gran problema para el comprador desde que tengo uso de razón. Algunas personas dirían: "Bueno, ¿por qué el banco no puede usar la renta del mercado si los inquilinos actuales pagan una renta inferior a la del mercado? Bueno, la respuesta también es bastante simple. Los prestamistas no son religiosos y no prestan basados en la fe. En otras palabras, no le permitirán pedir dinero prestado con la esperanza de obtener una renta de mercado. Siempre usan números seguros para asegurarse de que no sufra una ejecución hipotecaria.

Entonces, para recapitular, a los prestamistas solo les importa *el pago* vs los ingresos, *no el precio*. Hay tantas cosas que afectan el pago de una hipoteca que ni siquiera dos casas con precios idénticos tendrían el mismo pago, incluso si el precio es el mismo. Los impuestos podrían ser diferentes y la tarifa del condominio podría ser diferente, la tarifa del área común podría ser diferente, los ingresos por alquiler podrían ser diferentes. Ahórrese la molestia y ¡asegúrese de hacer muchas preguntas!

Capitulo 2
Planificación Adecuada

Nada hace que una transacción sea más exitosa que la educación y la planificación adecuadas. Dependiendo de cuáles sean sus planes y metas futuras, siempre debe tener un plan de juego.

Tipo de hogar

Hay muchas cosas para tener en cuenta en la planificación de una casa. Como comprador de vivienda por primera vez, tiene muchas opciones y, dependiendo de cuáles sean sus planes futuros, debe pensarlo y considerarlo muy bien. Verá, cuando compra su primera propiedad, puede elegir cualquier cosa, desde una vivienda unifamiliar hasta una vivienda de cuatro familias, y dependiendo del programa de préstamos, podría hacer un pago inicial del 0% al 5%.

Si tiene planes de invertir en una propiedad, sería increíblemente prudente comenzar con un edificio ocupado por el propietario de 2 o 4 familias. Tenga en cuenta que se espera que viva en cualquier casa que compre como comprador de vivienda por primera vez, razón por la cual obtiene un buen acuerdo en el financiamiento. Si compra una vivienda unifamiliar, por ejemplo, y realiza un pago inicial del 3% con un préstamo convencional y luego decide comprar una vivienda para 4 familias y desea hacerlo con un pago inicial del 0% al 5%, no podrá hacerlo. Ahora es dueño de una casa unifamiliar, y el prestamista verá esa casa de 4 familias como una inversión pura que requiere que deposite alrededor del 25% y pague una tasa mucho más alta por ser una propiedad de inversión. Los pagos iniciales bajos y las tasas de interés bajas son solo para propiedades ocupadas por el propietario, y ahora que es propietario de una casa unifamiliar, al prestamista le resultará difícil creer que alquilará la casa en la que reside para mudarse con inquilinos.

Ahora, veamos un posible escenario diferente en el que decide comprar una casa multifamiliar primero, por ejemplo, una propiedad ocupada por el propietario, de 3 familias. Puede comprar esta propiedad con muy poco dinero inicial porque es su primera casa. Muchos programas requieren entre 0% y 5% de pago inicial, así que supongamos que compró este edificio con un préstamo de FHA al 3,5% de pago inicial.

Debe vivir en la propiedad durante un año. Después de eso, puede comprar otra casa. Luego, podría comprar una vivienda unifamiliar con financiamiento convencional después de realizar un pago inicial del 5% y convertirse en propietario de una propiedad de inversión junto con la vivienda unifamiliar que tanto deseaba. Esto es posible porque un prestamista podría entender que usted quiere dejar la multifamiliar y alejarse de sus inquilinos para vivir en la privacidad de una sola familia.

Llevemos esto un paso más allá. También puede tener más de una multifamiliar con poco dinero inicial (lo he logrado muchas veces). Supongamos que compra una casa multifamiliar, como una de tres familias con dos dormitorios por unidad, con un producto de préstamo comunitario convencional ocupado por el propietario con 0% o 5% de pago inicial, según el programa de préstamos. Más tarde, su situación cambia y los dos dormitorios ya no acomodan a la familia. Luego, podría comprar otro edificio ocupado por el propietario de 3 o 4 familias que se adapte a las necesidades de su familia con un préstamo de la FHA poniendo 3,5% de pago inicial.

Situaciones como esta son muy posibles siempre que tenga una muy buena razón para comprar. Igualmente tiene que vivir en la nueva propiedad, de lo contrario, se consideraría fraude hipotecario, y eso es un gran NO - NO, y debe tener razones muy sólidas detrás de su compra para que el prestamista acepte dicha transacción. Las razones que podrían hacer posible tal situación serían la necesidad de más espacio, como dormitorios o baños adicionales, la necesidad de estar más cerca del trabajo (y no solo 5 minutos más cerca) y la necesidad de espacio de estacionamiento (asumiendo que su casa actual no tiene estacionamiento fuera de la calle).

Solo debe vivir en la segunda propiedad durante un año si usa FHA, y luego, puede comprar su vivienda unifamiliar con solo un 5% de anticipo con un préstamo convencional. En pocas palabras, con una estrategia como esta, podría poseer tres propiedades y tener una cartera realmente agradable, lo cual es una gran adición a su nido de jubilación.

En algunas situaciones excepcionales, incluso puede ser propietario de hasta tres edificios ocupados por el propietario si es un veterano de los EE. UU. Y tiene un préstamo de VA disponible. He hecho esto un puñado de veces. Nuevamente, debe tener fuertes razones detrás de su compra, ya que el prestamista lo cuestionará, ¡pero no es imposible! En una situación como esta, primero usaría un préstamo convencional, como un producto de préstamo comunitario como MassHousing, luego FHA o VA, y para el tercero, FHA o VA, dependiendo de cuál utilizó para la segunda compra. ¡Esto es una LOCURA! Puede comprar una propiedad de inversión ocupada por el propietario de 3 a 4 familias con un pago inicial del 0% al 5%. Ese 0% a 5% de anticipo es *solo* con una opción de préstamo comunitario convencional, ya que las opciones convencionales tradicionales no ofrecen un 0% a 5% de anticipo. Luego, podría comprar otra propiedad con VA con 0% de anticipo, luego otra con FHA con 3,5% de anticipo. ¡Los inversores lo odiarán! Esta es una gran ventaja en la construcción de una hermosa cartera de jubilación de bienes raíces. Luego, puede pasar a su última compra unifamiliar con un 5% de anticipo. Es una locura, cierto, pero es posible.

Presupuestación

El presupuesto adecuado es crucial. Incluso si un prestamista dice que usted califica para una cierta cantidad, todavía tiene que hacer su parte al presupuestar lo que realmente puede pagar. Un prestamista puede pensar que su pago máximo de vivienda es de $ 1.800 al mes según lo que ven por gastos en su informe crediticio, pero lo que un prestamista no ve son sus hábitos de gastos diarios que no informan sobre su crédito.

Algunos de estos gastos pueden ser tan simples como gasolina, su dosis diaria de Starbucks o su cena de rutina y una película cada fin de semana con la familia. Estos gastos se acumulan, y no importa qué tan bueno sea el prestamista que tenga, no tiene forma de saber que su asequibilidad es más como $1.500 al mes y no los $1.800 que calcula la computadora. Tómese un poco de tiempo para analizar sus hábitos de gasto y calcular lo que realmente cree que puede pagar.

Una buena red de seguridad para comprar una casa es agregar un 10% en costos adicionales al pago mensual. Esto ayudará a cubrir aspectos como mantenimiento y conservación. La razón de esto es que muchas personas olvidan que ya no hay un propietario a quien llamar si algo se rompe o si es necesario renovar las cosas. Ahora es usted. Ahora es su casa y toda su responsabilidad. Intente ahorrar esos fondos adicionales antes de comprar la casa para ver si hay algún impacto en su estilo de vida. Es posible que se sorprenda al ver que será necesario realizar algunos ajustes, tales como ¡no más Starbucks!

Una vez que compre su primer edificio multifamiliar, aquí hay otro consejo pequeño pero muy importante al presupuestar una propiedad de inversión ocupada por el propietario, de 2 a 4 familias. ¡Aún debe pagar la renta! Incluso si encuentra una propiedad con suficientes ingresos por renta para cubrir la totalidad o la mayor parte de su hipoteca, no cometa el error de pensar que puede vivir sin pagar renta. Ese es el primer paso hacia el fracaso. ¡Siga pagándose a si mismo lo que antes tenía de renta! Estas son propiedades que generan ingresos y la unidad en la que vive juega un papel muy importante en su éxito. ¿Por qué? Bueno, estas propiedades requieren mantenimiento y, a veces, pueden tener problemas con los inquilinos que requieren fondos adicionales. Al pagar el alquiler y ahorrar ese dinero, estará preparado para los posibles días difíciles que se avecinan. Una parte clave del crecimiento financiero exitoso es la disciplina financiera, así que en lugar de pensar que no tiene renta y usar ese dinero para vacacionar o comprar un auto nuevo, guárdelo y prepárese para su crecimiento futuro. Esas vacaciones y autos pueden llegar más tarde.

Crédito

La planificación adecuada también implica la comprensión de su crédito. El crédito es muy incomprendido. Algunas personas piensan que construir un crédito sólido significa endeudarse muchísimo, lo cual está muy mal. Le sorprendería saber que mucha gente piensa que si tiene una tarjeta de crédito con un límite de $2.000, deben gastarse los $2.000 para construir un buen crédito; nada mas lejos de la verdad. El propósito de tener una tarjeta de crédito es demostrar responsabilidad fiscal. Su capacidad para utilizar constantemente el crédito disponible está siendo monitoreada e informada. Usar solo una pequeña fracción de ese límite es ideal y crea un historial de cuánto control tiene sobre sus gastos. Cualquiera puede gastar dinero, que es la parte fácil. No todo el mundo sabe cómo controlarse, y eso es lo que están monitoreando los burós de crédito. Están analizando su autocontrol.

Dos de los mayores impactos sobre el crédito son los pagos atrasados y los saldos elevados de las tarjetas de crédito. ¡Son enormes! Debe pagar sus facturas a tiempo y debe mantener bajos los saldos de sus tarjetas de crédito. Los saldos bajos de las tarjetas de crédito pueden afectar enormemente su crédito. Tradicionalmente, a las personas se les enseña a mantener un saldo del 30%, he visto más de 10.000 informes de crédito, y el mayor aumento que veo en los puntajes de crédito cuando se trata de saldos de tarjetas de crédito es cuando se tiene un saldo del 10% o menos.

Además, es importante tener en cuenta que pagar la tarjeta hasta el cero absoluto puede darle una puntuación ligeramente más baja que si solo mantiene un pequeño saldo en la tarjeta.

He visto puntajes de crédito aumentar en más de 100 puntos en 30 días simplemente pagando algunos saldos. Las tarjetas de crédito pequeñas son a veces la solución más fácil para su crédito. Si tiene una tarjeta de crédito pequeña con un límite de $500 y debe $450, podría ver un gran aumento en su puntaje de crédito con un simple pago de $400. Verá, todo se basa en porcentajes. Es muy fácil maximizar su tarjeta de crédito cuando tiene un límite de tarjeta de crédito pequeño, en comparación con una tarjeta de crédito con un límite de $10.000. Por lo tanto, se recomienda encarecidamente pagar los saldos de su tarjeta de crédito tanto como sea posible al menos 45 días antes de solicitar un préstamo hipotecario para maximizar su puntaje tanto como sea posible.

Otro problema con el crédito que la mayoría de la gente no se da cuenta es lo importante que es *tener* una tarjeta de crédito. Desafortunadamente, el crédito renovable (sus tarjetas de crédito) representa el 30% de su puntaje crediticio. Entonces, si no tiene una tarjeta de crédito, se está perdiendo ese significativo porcentaje. Ahora, me he encontrado con muchas personas que comienzan a entrar en pánico tan pronto como les digo que necesitan una tarjeta de crédito para aumentar su puntaje, pero tan pronto como les explico las razones detrás de esa afirmación, comienzan a entender. Su crédito no irá a ninguna parte sin el uso conservador de una tarjeta de crédito. Recuerde, esto se trata de responsabilidad y control financiero, así que no se vuelva loco y maximice su tarjeta de una sola vez. No es un concurso para ver quién puede gastar más dinero.

Crear crédito con una tarjeta de crédito puede ser tan simple como pagar una factura recurrente con ella. ¿Le gusta Netflix? Configúrelo en pago automático y pague con su tarjeta de crédito. Realmente es así de simple, y al darle uso frecuente a la tarjeta, mejorará drásticamente su puntaje.

Otro factor que la gente no tiene en cuenta es tener demasiadas tarjetas de crédito y que algunas de ellas se cierren en su cuenta. Una parte clave de su puntaje crediticio se basa en el historial de su cuenta. Cuando no usa una tarjeta de crédito, el acreedor podría decidir cerrar esa cuenta, provocando una disminución en su puntaje. ¿Por qué esto causaría una disminución? Es porque pierde el historial de la cuenta en esa tarjeta. Por lo tanto, cuando solicite una vivienda, asegúrese de mantener activas todas sus tarjetas y mantener un saldo mínimo para maximizar su puntaje crediticio.

Firma conjunta

Esto es importante: ¡tenga cuidado con la firma conjunta con cualquiera! La firma conjunta puede tener enormes efectos adversos en su capacidad para comprar una casa. Si la persona por la que firma conjuntamente no se mantiene al tanto de los pagos, usted será igualmente responsable. Además, es importante recordar que, si dice que sí, agregará más deuda a su escenario actual, aumentando así su relación deuda-ingresos.

La única forma de lograr que el prestamista excluya esa deuda sería demostrar que la persona ha realizado doce pagos desde una cuenta bancaria no afiliada a su nombre. Otro pecado mortal que muchas personas cometen es poner su nombre en los préstamos estudiantiles de otra persona. Incluso si esos pagos se aplazan, el prestamista tomará el 1% del saldo y lo agregará a sus pasivos como pago mensual. Por lo tanto, si firma conjuntamente un saldo de préstamo estudiantil de $20.000 y se aplaza, el prestamista aún agregará un pago de $200 por mes a sus obligaciones mensuales.

Para resumir, aquí hay un resumen rápido de las cosas más importantes a las que debe estar atento cuando se trata de crédito.

- Mantenga bajos los saldos de las tarjetas de crédito y páguelos 45 días antes de solicitar una hipoteca si es necesario. Incluso si cree que tiene un crédito excelente en 740 y le ofrecen la mejor tarifa, aún puede disminuir su seguro hipotecario privado si su crédito aumenta un poco más a 760 o 780.

- No solicite nada a menos que sea una emergencia absoluta y no cierre cuentas, ya que esto puede disminuir su puntaje. La única excepción a esto es si no tiene una tarjeta de crédito. Si no tiene una, abra una, incluso si es una tarjeta de crédito asegurada.

- Pague sus facturas a tiempo. Esto es muy importante, ya que he visto que un solo pago atrasado reduce las puntuaciones entre 40 y 60 puntos

- No firme por nadie. No se necesitan más explicaciones.

- Asegúrese de que no haya facturas o pagos anteriores ocultos, como los copagos médicos, las facturas del teléfono celular o los pagos finales de servicios públicos. No puede permitirse que salgan a la luz sigilosamente sin previo aviso durante el proceso de compra de una vivienda.

- Por último y lo más importante, **no agregue** una nueva deuda de ningún tipo.

Todas estas cosas pueden disminuir drásticamente su puntaje, así que preste mucha atención a ellas antes de solicitar un préstamo hipotecario.

Fondos requeridos

Antes de ver los fondos requeridos que necesita para comprar una casa, es esencial tener en cuenta que no puede pedir prestados fondos para esta transacción. Por ejemplo, no se permite pedir dinero a un amigo, pedir prestado con una tarjeta de crédito o solicitar un préstamo bancario personal. Los fondos permitidos para la compra pueden ser cualquiera de los siguientes: sus propios fondos, fondos de regalo de amigos o familiares y fondos de una cuenta 401k o de jubilación. Pedir prestados fondos de una cuenta 401k o de jubilación se considera correcto porque es su dinero y lo está pidiendo prestado a sí mismo. También puede usar dinero de un préstamo con garantía hipotecaria. También se permite dinero de subvenciones.

La cantidad que necesita para comprar una vivienda realmente dependerá del tipo de vivienda y del tipo de financiación que solicitará. Hablaré de esto con más detalle cuando hablemos de los programas de préstamos, pero aquí hay una idea general y un ejemplo:

> Si está comprando una casa unifamiliar de $200.000 con un programa de FHA y su pago inicial es del 3,5%, necesitará $7.000 para un pago inicial.

Aparte de eso, también necesitará dinero para costos de cierre e inspecciones que ascienden aproximadamente a otro 3% o $6.000, para un total estimado de $13.000. Ahora, los costos de cierre pueden, por supuesto, negociarse con el vendedor y puede solicitar que ellos paguen por ellos, pero en un mercado de vendedores competitivo, cuanto más pida, menos posibilidades tendrá de obtener la casa.

Si estuviera comprando una multifamiliar, por ejemplo, de tres familias, también necesitaría reservas. Cuando un prestamista dice que necesita reservas, se refieren al valor de varios meses del pago de su hipoteca (la cantidad depende del programa de préstamos) que se coloca en algún tipo de cuenta de ahorros o 401k. Para FHA, se requieren tres meses de reserva al comprar una casa de 3 a 4 familias. Volvamos a mi ejemplo anterior. Si el pago de la hipoteca de una casa de tres familias de $200.000 es de $1.500 al mes, deberá agregar $4.500 adicionales en reservas agregadas a su presupuesto, por un total de $17.500. Una vez más, un vendedor puede ayudarle con algunos de estos costos si puede negociarlo en el trato.

Es muy importante evitar los depósitos en efectivo durante este proceso. Cuando digo efectivo, me refiero a caminar hasta el cajero del banco y darle una pila de Benjamin Franklins. El efectivo está prohibido en la compra de una vivienda. Todos los fondos para la compra de una casa deben ser verificados y, lamentablemente, eso no se puede hacer con efectivo.

Aquí hay un ejemplo de un error común que cometen las personas cuando se trata de su dinero:

> Después de recibir un reembolso de impuestos enorme (digamos $10.000), algunas personas no quieren su dinero en el banco, por lo que deciden retirar esos fondos. Cuatro meses después, cuando están listos para comprar una

> casa, intentan volver a depositar los $10.000, ¡pero adivinen qué! No se les permite usar esos fondos porque es imposible probar que son los mismos $10.000 retirados hace todos esos meses.

Los bancos revisarán los últimos dos o tres meses de los extractos bancarios, por lo que, si detectan actividad de efectivo, lo cuestionarán y el 99,9999% de las veces no le permitirán usarlo. Una de las pocas circunstancias en las que el efectivo es aceptable es si, dentro del mismo día, retira efectivo de una cuenta bancaria e inmediatamente deposita exactamente la misma cantidad en otra cuenta. Se considerarán aceptables si las cantidades coinciden y se producen el mismo día.

Ahora bien, esto no significa que todos los depósitos en efectivo estén prohibidos, ya que existe cierta flexibilidad, aunque muy pequeña. Las pautas financieras establecen que cualquier depósito en efectivo superior al 1% del monto de su préstamo se considera un depósito grande y debe verificarse. Siempre les digo a mis compradores como una buena práctica, y para estar seguros, que cualquier depósito grande sea el menor de los siguientes dos: 1% del monto del préstamo o 25% de sus ingresos mensuales. Por ejemplo, si está comprando una casa que cuesta $200.000 y obtiene un préstamo por $190.000, entonces el 1% de eso es $1.900, pero si su ingreso para calificar es $4.000 al mes y el 25% de eso es $1.000, entonces evite depósitos de más de $1.000 en efectivo para reducir el riesgo de no poder usar los fondos. Use el menor de los dos y siempre estará a salvo. Tenga en cuenta que un prestamista buscará y agregará varios depósitos dentro de un cierto período de tiempo. Por lo tanto, si realiza un montón de pequeños depósitos en efectivo el mismo día que suman una gran cantidad, podrían considerarlo como un depósito y no le permitirán usar los fondos para el cierre.

Debe planificar con anticipación y, si tiene efectivo, ponga ese dinero en el banco unos meses antes de comenzar el proceso de compra de la vivienda. No es raro ver que la gente ahorra dinero en casa, pero para evitar problemas con la financiación, tiene que poner todo su dinero en efectivo en el banco lo antes posible.

Recibir dinero de regalo también es una fuente aceptable de fondos, pero esos fondos también deben verificarse. Los fondos de regalo deben ser en forma de cheque o transferencia bancaria para documentar adecuadamente el origen de los fondos.

El prestamista requerirá que la persona que le regala los fondos proporcione un extracto bancario para demostrar que tenía ese dinero disponible. Al igual que usted, cualquier depósito de efectivo en sus cuentas también será cuestionado y posiblemente rechazado. Es fundamental asegurarse de que ya tenían los fondos disponibles y en su cuenta.

Otras fuentes aceptables de fondos además de su propio dinero y fondos de regalo podrían provenir de un 401k, acciones u otros tipos accesibles de cuentas de ahorro o jubilación.

También es importante que una vez que haya decidido el tipo de hogar y el programa con el que va a ir, comience a ahorrar los fondos necesarios si aún no tiene el dinero disponible.

Capítulo 3

Entender los ingresos

Es posible que su comprensión y cálculos de ingresos no sean los mismos que los de los prestamistas, por lo que debe comprender cómo se calculan los ingresos. En este capítulo, analizaremos detenidamente varios de los tipos de ingresos más comunes.

Ingresos W2

Un empleado W2 es alguien que trabaja para otra persona y recibe ingresos con los impuestos descontados. Si es un empleado asalariado de W2, sus ingresos serán mucho más fáciles de calcular que los ingresos de un empleado por hora, porque los ingresos de un empleado por hora pueden variar, mientras que el pago de un empleado asalariado suele ser constante durante largos períodos de tiempo. Cuando un prestamista calcula los ingresos, no siempre es tan fácil como calcular las horas trabajadas por una tarifa por hora. Los prestamistas también miran sus ingresos del año hasta la fecha para asegurarse de que esté obteniendo ingresos consistentes y estables. ¡Es mejor que crea que cuestionarán cualquier inconsistencia!

Por ejemplo, si trabaja 40 horas a la semana a $20 la hora ($800 a la semana, $41.600 al año) y solicita una hipoteca a mitad de año, sus recibos de pago deben reflejar $20.800. Por el contrario, si muestran $17.200 debido a tiempo libre no remunerado, o días reducidos para citas, espere ser cuestionado y su ingreso calificador puede incluso reducirse.

Independientemente de las razones por las que los ingresos se reflejen en un número menor, es posible que un prestamista no se sienta cómodo otorgándole crédito porque, en su opinión, esos ingresos no existen. Por lo tanto, al planificar la compra de una casa, es importante asegurarse de tener cheques de pago consistentes, estables e iguales.

Usar varios trabajos

Hoy en día, es común ver personas que tienen más de un trabajo. Los prestamistas están de acuerdo con permitirle utilizar múltiples fuentes de ingresos, pero al igual que con cualquier otro ingreso, buscan consistencia.

A veces, si un trabajo no es suficiente para calificar para una vivienda, muchas personas piensan erróneamente que pueden simplemente elegir cualquier trabajo al azar, y el prestamista aceptará ambos ingresos. Este definitivamente no es el caso. Una buena regla general es mantener sus trabajos durante al menos dos años. Hay casos con excepciones que usan un año, pero para estar seguro, dos años es la clave.

Si puede mantener dos trabajos de manera constante y consistente, un prestamista no tendrá ningún problema en permitirle usar ambos trabajos para calificar para una vivienda. En el caso de que tenga dos trabajos, pero no tenga suficiente tiempo con ambos, el prestamista solo permitirá el uso de uno de los dos trabajos, no de ambos.

Ingresos Comisionados y Variables

Desde asociados de ventas de automóviles hasta oficiales de préstamos, existe una gran variedad de empleados comisionados. El uso de los ingresos por comisiones es totalmente aceptable y, nuevamente, la regla general es de dos años. Los prestamistas buscan dos años de ingresos constantes por comisiones y harán un promedio de dos años con esos números. Si el año más reciente es menor que el anterior, usarán el menor de los dos, ya que los prestamistas siempre usan números seguros.

Es posible utilizar un año de ingresos por comisiones, pero solo caso por caso, y se basará en factores de compensación. Dichos factores podrían ser, entre otros, un gran crédito, reservas sustanciales, un pago inicial significativo, un historial de trabajo previo sólido, etc.

Los ingresos variables que un prestamista puede considerar aceptables son ingresos como bonificaciones, propinas y horas extra, todos los cuales deben ser estables y confiables. Solo con un buen historial se podrán utilizar estos ingresos. Por ejemplo, si tiene un trabajo sólido de 40 horas a la semana y de repente comenzó a trabajar horas extra sin tener un historial de haberlo hecho, no se le permitirá utilizar los ingresos. Tendría que tener dos años de trabajar constantemente horas extras.

Pasemos a un tipo diferente de ingresos variables, como los conductores, a quienes se les paga por kilometraje, paradas o cargas. Esto también requiere un historial de dos años. Como estos ingresos son inconsistentes y pueden variar, un prestamista querrá ver el promedio. Aún es posible, si tiene menos de dos años, que los ingresos se puedan usar caso por caso, pero lo más probable es que el prestamista lo promedie con cualquier otro ingreso que tuviera antes de ese trabajo.

Dado que hay demasiados tipos diferentes de ingresos variables para repasar, lo fácil es recordar la regla básica: dos años es generalmente la cantidad de tiempo requerida para el historial laboral, pero cualquier cosa menor a dos años puede ser utilizado con factores de compensación.

Prestatarios autónomos

El trabajo de autónomo es un gran tema, y podría escribir otro libro solo sobre eso, pero aquí está la esencia de cómo se relaciona con la compra de una casa. Para empezar, los prestatarios autónomos necesitan dos años de trabajo autónomo. A partir de ahí, el prestamista analizará su neto después de los gastos, no en bruto.

Harán un promedio de dos años de su ingreso neto, y si el año más reciente es menor, usarán solo el año más reciente, pero aún necesita dos años de trabajo por cuenta propia.

Si su año más reciente de trabajo por cuenta propia es más de un 20% más bajo en ingresos netos que el año anterior, el prestamista puede rechazar los ingresos en su totalidad (a menos que tenga una razón muy fuerte para la disminución). Entonces, veamos cómo funcionaría esto con el siguiente ejemplo:

> Digamos que tiene un negocio de construcción, y en 2018 obtuvo $800.000 con un neto de $50.000, y en 2019 obtuvo $900.000 con un neto de $75.000. El prestamista agregará los ingresos netos de 2018 y 2019, con un total de $125.000, y dividirá ese total por 24 para obtener un ingreso mensual de $5.208 por mes.

Mucha gente no sabe que Freddie Mac tiene diferentes reglas para los prestatarios autónomos. Le permiten usar el año más reciente de declaraciones de impuestos en lugar de dos años, lo que le brinda una mejor ventaja debido a un promedio más alto.

En el ejemplo anterior, el prestatario autónomo habría podido usar $75.000 en ingresos divididos por 12, que es $6.250 por mes en lugar de $5.208 por mes, lo que marca una gran diferencia en sus calificaciones, pero hay un inconveniente. El prestatario debe demostrar cinco años en el negocio mediante licencias o una carta de CPA. Este método no funcionaría para una empresa recién establecida.

A continuación, presentamos algunos consejos para prestatarios autónomos:

No todos sus gastos son una pérdida total. Podría tener ingresos adicionales que ni siquiera sabía, que dependen en parte del producto de préstamo que elija.

Echemos un vistazo a un posible escenario que podría ser enorme para ayudarle a calificar para una vivienda:

Ejemplo 2018 *anexo* C

Línea 7 Ingreso bruto:	$120,000
Gastos	
Línea 8 Publicidad	$6,000
Línea 9 Gastos de automóvil y camión	$12.000
Línea 11 Mano de obra por contrato	$25.000
Línea 12 Deterioro	$ 2.000
Línea 13 Depreciación	$13.000
Línea 15 Seguro	$ 2.000
Línea 18 Gastos de oficina	$ 6.000
Línea 22 Suministros	$ 3.000
Línea 30 Uso comercial de la vivienda	$11.000
Gastos totales	$80.000
Ingresos netos	**$40.000**

Ejemplo 2019 *anexo* C

Línea 7 Ingreso bruto:	$150.000
Expenses	
Línea 8 Publicidad	$8.000
Línea 9 Gastos de automóvil y camión	$18.000
Línea 11 Mano de obra por contrato	$30.000
Línea 12 Deterioro	$2.000
Línea 13 Depreciación	$13.000

Línea 15 Seguro	*$3.000*
Línea 18 Gastos de oficina	*$8.000*
Línea 22 Suministros	*$6.000*
Línea 30 Uso comercial de la vivienda	*$11.000*
Gastos totales	*$99.000*
Ingresos netos	**$51,000**

En este escenario, pensaría que tiene un ingreso de $40.000 + $51.000, y cuando se divide por 24, terminaría en $3791.67 por mes. Lo que mucha gente no se da cuenta es que, con la mayoría de los programas de préstamos, hay gastos que puede agregar nuevamente a sus ingresos, como millaje (línea 9), deterioro (línea 12), depreciación (línea 13) o uso comercial de la vivienda (línea 30). En este escenario, eso es $82.000 en gastos, que ahora pueden contarse como ingresos. ¡Guau! Piense en lo poderoso que eso es.

Pagó impuestos sobre un ingreso de $91.000 entre ambos años, pero el banco le está devolviendo $82.000 en gastos para aumentar sus ingresos a $91.000 + $82.000 que equivalen a $173.000, que, cuando se divide por 24, es $7.208,33 por mes en lugar de $3.791,67. Esto es enorme, ya que sus ingresos calificados literalmente casi se duplican.

Es fundamental comprender el escenario anterior, así que asegúrese de consultar con su CPA. Potencialmente, podría tener más ingresos de los que pensaba para la compra de su casa. Tenga esto en cuenta si opera una guardería en el hogar (consulte la línea 30, 'uso comercial de la vivienda' en el anexo C de sus formularios de impuestos) o si conduce para una empresa como Uber (esa es la línea 9, 'deducción de millaje' en el anexo C). ¡Ambos pueden ofrecerle enormes beneficios!

*Proveedores de servicios de guardería, no se pierdan estas exenciones fiscales.

https://www.irs.gov/publications/p587

Anexo E Ingresos por alquiler

Ser dueño de una propiedad de alquiler es una forma fantástica de generar un patrimonio neto. Cuando comienza a tener propiedades, es esencial comprender cómo funciona el Anexo E. Los prestamistas no miran sus ingresos brutos por alquiler.

No importa cuánto dinero gane su edificio de 3 unidades, porque si reclama todo tipo de gastos, ¡sus ingresos podrían ser de $0 o incluso negativos!

Los prestamistas miran la línea número 21 para la propiedad específica para ver si hay ingresos o pérdidas. Al igual que en el Anexo C, hay ciertas líneas que se vuelven a agregar a los ingresos. Esto es lo que se permite.

Línea 9 - Seguro
Línea 12 - Intereses hipotecarios
Línea 16 - Impuestos
Línea 18 - Depreciación

Si su ingreso en la línea 21 es negativo, al volver a agregar esas otras líneas, podría terminar con un ingreso positivo. Dependiendo de su situación, un prestamista puede usar la declaración de impuestos más reciente para evaluar los ingresos o, en algunos casos, puede calcular un promedio de dos años. Debe consultar con su prestamista para ver cuál será su situación.

Si compró una propiedad que genera ingresos hace menos de un año y aún no ha presentado declaraciones de impuestos para mostrar los ingresos, deberá mostrar los arrendamientos y el ingreso utilizable total será el 75% del ingreso bruto. Por ejemplo, si su ingreso por alquiler es de $1.000, entonces el prestamista solo usará $750 de ese ingreso para hacer la calificación.

Suponga que planea comprar otra casa y alquilar su apartamento o casa actual con ciertos programas de préstamos. En ese caso, puede usar los ingresos por alquiler de la propiedad de salida siempre que tenga un contrato de arrendamiento firmado y una copia del cheque de depósito para arrendar las instalaciones.

Estos ingresos generalmente se permiten en préstamos convencionales y no en préstamos FHA, a menos que se mude a 100 millas o más de su residencia actual. Además, solo podrá utilizar el 75% de esos ingresos. Después de conocer los ingresos netos de renta utilizables, se restan del pago hipotecario completo de principal, intereses, impuestos, HOA y seguro para determinar si tiene ingresos de renta positivos o negativos que pueda utilizar.

Ingresos de seguro social, jubilación, manutención de niños y colocación familiar

Hay otros tipos de ingresos que también se pueden utilizar, como el seguro social, la jubilación, la pensión alimenticia o los ingresos por hogares de colocación familiar. Si tiene ingresos del seguro social para la jubilación, puede usarlos para calificar para una vivienda, y la parte no tributable (que se mostrará en sus declaraciones de impuestos) se puede aumentar en un 15%.

Por ejemplo, si tiene $1.000 por mes en ingresos de seguro social de jubilación no tributables, puede aumentarlos en un 15% a $1.150 por mes.

Suponga que tiene otros tipos de ingresos de la seguridad social, como la seguridad social por discapacidad o la seguridad social para sus hijos. En ese caso, debe acreditar una permanencia mínima de tres años para utilizar esos ingresos.

Por lo tanto, si obtiene ingresos de la seguridad social para un niño de 16 años que se interrumpe a los 18, no podrá utilizar esos ingresos.

A diferencia de un segundo trabajo, no es necesario que haya estado recibiendo los ingresos durante dos años para poder utilizarlos, siempre que los ingresos sean permanentes o se haya proporcionado prueba de una continuidad de tres años. Si tiene algún tipo de ingreso de jubilación, como una pensión, también puede utilizarlo y combinarlo con sus ingresos de la seguridad social.

Los ingresos por manutención de menores también se pueden utilizar, pero solo si los ingresos continuarán durante tres años y se pueden respaldar con documentación sólida. Necesitará un comprobante de recibo de los ingresos de los últimos tres a seis meses, así como una sentencia de divorcio o documentos judiciales que muestren el monto de manutención infantil aprobado. Si sus ingresos de manutención infantil son simplemente un acuerdo verbal y no se puede proporcionar más documentación para respaldar los pagos recibidos, entonces no podrá usarlo.

También se pueden utilizar los ingresos por colocación familiar. La mayoría de los ingresos por crianza temporal se dan en forma de estipendio y no están sujetos a impuestos, por lo que no se informan en sus declaraciones de impuestos. El prestamista necesitará un historial de pagos de dos años del proveedor de cuidado de crianza para determinar la cantidad utilizable, junto con una carta que explique su estipendio diario y un comprobante de pagos reciente. También puede usar estos ingresos junto con otros ingresos siempre que tenga un historial de dos años con ambos. Estos ingresos también se pueden acumular al igual que los ingresos de la seguridad social si no están sujetos a impuestos.

Capítulo 4

Programas de préstamos

Es imposible repasar todos los programas de préstamos que existen. En este capítulo, planeo cubrir los programas más comunes utilizados por los prestamistas en la actualidad. Como nota al margen, todo lo que escuche sobre necesitar un 20% de pago inicial es solo un mito.

Incluso si ya es propietario de una casa y simplemente está buscando algo mejor, o si fue propietario de una casa en el pasado, eso no significa que necesite un 20% de anticipo. Por lo general, se ven este tipo de requisitos de pago inicial más grandes en préstamos gigantes, no en préstamos estándar convencionales.

Sé que algunas personas también tienden a resistirse a solicitar un préstamo. ¿Honestamente? ¡No lo haga! Tuve que sacar uno cuando compré una casa por primera vez, al igual que mucha gente. Tratar de calcular la cantidad de dinero que se necesitaría para comprar una casa sin calificar para un préstamo de algún tipo es una tontería. Terminará trabajando hasta la tumba y nunca se acercará a tener su propio juego de llaves.

Esta lista debería darle una pequeña idea sobre los lugares a los que será más factible aplicar. Cada programa de préstamos tiene su propio proceso de determinación y eliminación, así que asegúrese de leer detenidamente cada uno de ellos. No tenga miedo de intentar aplicar a más de uno de estos programas de préstamos.

Tenga en cuenta que las pautas en los programas de préstamos siempre cambian y que la siguiente información podría estar desactualizada. Así que siempre haga muchas preguntas al solicitar su hipoteca.

Overlays

Es extremadamente importante entender esto antes de ingresar a algunos de los diferentes tipos de programas de préstamos que existen. Algunos de estos programas de préstamos son programas gubernamentales, como FHA, VA y USDA, mientras que otros son productos de Fannie y Freddie Mac. Lo que generalmente sucede es que estos productos del gobierno, Fannie o Freddie reciben un conjunto de pautas o reglas y luego se ponen a disposición de los prestamistas. Estos prestamistas ahora tienen la opción de crear pautas y restricciones adicionales para agregar a las ya creadas por HUD, Fannie o Freddie, ya que están prestando su dinero. Esto puede hacer que el financiamiento sea aún más difícil para algunas personas, e incluso puede ver que un banco requiere un 20% de anticipo en lugar del 5% normal, simplemente porque el prestamista desea agregar requisitos adicionales.

Un buen ejemplo es FHA, la Administración Federal de Vivienda, que otorgará préstamos hasta un puntaje de 580 créditos con tan solo un 3,5% de pago inicial, pero dado que muchos prestamistas consideran que es demasiado arriesgado, agregarán superposiciones adicionales. Por ejemplo, pueden negarse a prestar a un puntaje de 580 créditos y cambiar su mínimo a 640.

Es importante saber esto porque siempre debe preguntar si el prestamista con el que planea trabajar tiene overlays. Si es así, averigüe cómo podrían afectarle sus directrices adicionales. Si el prestamista no tiene overlays, tendrá una transacción mucho más fluida. Por lo general, será más fácil trabajar con ellos porque simplemente se salen de las pautas de HUD, Fannie o Freddie sin agregar términos adicionales.

FHA

Un préstamo asegurado por la FHA es un préstamo hipotecario respaldado por un seguro hipotecario proporcionado por la Administración Federal de Vivienda de EE.UU. Es una forma de asistencia federal que históricamente ha permitido a las personas con ingresos más bajos comprar una casa. Está dirigido a nuevos propietarios de viviendas y no a inversores inmobiliarios. Debido a esto, el propietario debe ocupar la casa durante al menos un año.

FHA es un programa de préstamos extremadamente popular. Mucha gente piensa que es solo un programa para compradores de vivienda por primera vez, pero de hecho cualquier persona puede utilizarlo y no tiene restricciones de ingresos. Una de las ventajas de la FHA es que son un poco más indulgentes con el crédito y las tasas que el financiamiento convencional. Por lo tanto, las personas con un puntaje crediticio más bajo pueden obtener mejores condiciones de financiamiento con FHA que con los convencionales. FHA otorgará préstamos a personas con puntajes de 500, lo que es inusual con cualquier otro programa de préstamos existente.

Además, para las personas que tuvieron una ejecución hipotecaria anterior, pueden comprar una casa tres años después de la ejecución hipotecaria frente al requisito de espera de siete años del financiamiento convencional. Para aquellos con una quiebra, pueden comprar una casa dos años después de la descarga frente al requisito de espera de cuatro años del financiamiento convencional y para aquellos con un capítulo 13, incluso pueden comprar mientras están en el capítulo 13 con la aprobación del fideicomisario.

Estas indulgencias permiten que las personas adquieran una vivienda mucho más rápido durante serios desafíos de la vida. La FHA también permite la compra de cualquier tipo de vivienda, desde una vivienda unifamiliar hasta una propiedad de inversión de cuatro familias, ocupada por el propietario, con tan solo un 3,5% de anticipo. Solo se le permite tener un préstamo de la FHA en un momento dado y no puede tener varios a menos que tenga razones sólidas, como mudarse fuera del estado por motivos de trabajo.

Algunos de los inconvenientes de la FHA son la tarifa de financiación del gobierno, que es el 1,75% del préstamo. Esto generalmente se financia. Además, a menos que esté haciendo un pago inicial del 10%, el MI (seguro hipotecario) mensual de un préstamo de FHA es permanente en una hipoteca de 30 años. FHA también es bastante estricta con las condiciones de propiedad donde el financiamiento convencional es mucho más indulgente. Hay mucho que implica todo esto, y es por eso que la importancia de trabajar con el equipo adecuado de profesionales expertos es primordial.

FHA también tiene mucha más flexibilidad cuando se trata de cuánto puede pedir prestado. Sus proporciones pueden llegar hasta el 43% de la vivienda y el 55% de deuda total, lo que le dará más flexibilidad si tiene demasiadas tarjetas de crédito o un pago alto de automóvil. He visto que estos índices alcanzan un 46,99% de la vivienda y un 56,99% de deuda total. La mayoría de los otros productos de financiamiento lo limitan al 45% o 50%, y algunos incluso lo hacen más bajo. Por lo tanto, FHA es una buena opción si su situación lo amerita.

Convencional

Tradicionalmente, cuando escuchamos sobre financiamiento convencional, pensamos en Fannie Mae y Freddie Mac. Ambos son increíblemente similares, y ambos se basan en gran medida en los puntajes de crédito y el pago inicial, lo que significa que cuanto mejor sea el puntaje de crédito que tenga, mejor será el PMI y la tasa. Para las propiedades ocupadas por el propietario, ambas requieren un mínimo del 5% de pago inicial; para una propiedad de inversión de dos familias ocupada por el propietario, ambos requieren un mínimo del 15% de anticipo, pero para una propiedad de inversión de 3 o 4 familias ocupada por el propietario, difieren ligeramente. Fannie Mae requiere un pago inicial mínimo del 25% y Freddie Mac requiere un pago inicial mínimo del 20%.

Para las propiedades de inversión, ambas son iguales, mientras que una propiedad de inversión unifamiliar requerirá un 15% de anticipo, y una propiedad de inversión de 2 o 4 familias requerirá un pago inicial mínimo del 25%.

Recientemente, los préstamos convencionales han comenzado a requerir que proporcione un comprobante de alquiler de 12 meses para usar los ingresos por alquiler para calificar. En otras palabras, si está comprando una propiedad de ingresos de 3 familias ocupada por el propietario y necesita los ingresos de alquiler de las otras dos unidades para calificar, debe demostrar que pagó su alquiler actual a tiempo durante los últimos 12 meses. Esto se puede hacer con cheques de alquiler cancelados o una carta de la empresa administradora del edificio.

Los prestamistas no aceptarán cartas de propietarios privados para esto. Por lo tanto, si paga el alquiler en efectivo a un propietario privado, puede ser un problema y difícil de probar. Los prestamistas tampoco aceptarán los recibos que pueda recoger fácilmente en Staples como prueba. Algunas apps de efectivo pueden ser aceptables ya que puede ver el mismo retiro constante de su cuenta bancaria personal a la app de efectivo todos los meses. Solo tenga en cuenta que, si necesita usar los ingresos de alquiler para calificar, debe tener una prueba sólida de alquiler.

Con los préstamos convencionales regulares, el DTI máximo es del 45% con ciertos escenarios caso por caso que llegan hasta el 50%. A diferencia de la FHA que tiene dos proporciones que son 43% de vivienda y 55% de deuda total, el convencional solo mira una en general. Básicamente, se trata de ver cuánta vivienda y deuda puede pagar.

El financiamiento convencional también es estricto con respecto al crédito, y requiere una puntuación mínima de 620 más siete años de ejecución hipotecaria y cuatro años sin bancarrota. Tenga en cuenta que, dado que el financiamiento convencional se basa en gran medida en el puntaje crediticio, tratar de solicitar un préstamo convencional con un puntaje de 620 no le dará términos favorables. Lo más probable es que le vaya mejor con FHA si tiene un puntaje tan bajo en comparación con un préstamo convencional.

Fannie Mae HomeReady

HomeReady está diseñado para ayudar a los compradores de vivienda por primera vez. El pago inicial mínimo requerido para una compra unifamiliar es del 3%, lo cual es genial. HomeReady también ofrece más indulgencias con tasas y un PMI más bajo, pero siempre hay truco, ¿no es así? Por supuesto que sí. HomeReady tiene restricciones de ingresos, por lo que debe verificar cuáles son las restricciones de ingresos para el área en la que vive. HomeReady también se usa principalmente para compras de viviendas unifamiliares o condominios, ya que realmente no tienen beneficios especiales para propiedades de inversión ocupadas por propietario.

*Herramienta de consulta de ingresos HomeReady: https://ami-lookup-tool.fanniemae.com/amilookuptool/

Freddie Mac HomePossible

HomePossible comparte todas las excelentes características de HomeReady, pero también incluye un incentivo adicional que le permite comprar una propiedad de inversión de 3 a 4 familias ocupada por el propietario con solo el 15% para un pago inicial en lugar del estándar de la industria del 20% al 25%. ¡Esta es una gran ventaja!

Por supuesto, tienen restricciones de ingresos al igual que HomeReady, pero esto brinda una oportunidad increíble para aquellos que necesiten comprar otra propiedad de 2 a 4 familias ocupada por el propietario en el futuro. Nunca se sabe lo que le deparará el futuro, por lo que, si puede usar HomePossible para comprar una propiedad de inversión ocupada por el propietario, aún tiene la oportunidad de comprar otra propiedad de inversión de 2 a 4 familias ocupada por el propietario utilizando FHA con tan solo un 3,5% para el pago inicial. Si primero usa un préstamo de FHA para comprar una propiedad de 2 a 4 familias ocupada por el propietario, intente usar HomePossible. Puede que no funcione debido a las restricciones de ingresos que tiene HomePossible, ya que usted tendría los ingresos de dos propiedades multifamiliares, más sus propios ingresos, lo que puede descalificarlo, pero si puede usarlo, HomePossible es definitivamente el camino por seguir.

*Herramienta de consulta de ingresos HomePossible
https://sf.freddiemac.com/working-with-us/affordable-lending/home-possible-eligibility-map

VA

¡Los préstamos VA son los mejores! Si es un veterano de los EE.UU. Y tiene un préstamo de VA disponible, no se pierda todos los beneficios que puede ofrecer. Puede comprar cualquier propiedad de 1 a 4 unidades residenciales ocupada por el propietario con 0% de pago inicial y sin seguro hipotecario mensual. ¡No solo es una locura, sino que es la oportunidad de su vida! Aunque los préstamos de VA comparten muchas de las restricciones crediticias y de propiedad de la FHA, siguen siendo una excelente opción.

Con el préstamo de VA, se le cobrará una tarifa de financiamiento única, al igual que FHA. El monto de esta tarifa variará según la sucursal en la que tenga el servicio, pero puede financiarse. Por lo tanto, para cualquier veterano estadounidense, no se pierda un préstamo tan bueno. El DTI de un préstamo VA es más bajo que un préstamo FHA al 41%, pero no tener el MI mensual puede brindarle un pago más bajo y más cómodo, lo que lo convierte en un préstamo increíble. Elaborar estrategias y utilizar este préstamo para iniciar una cartera de inversiones es una ventaja increíble por la que otros matarían. ¿Se imagina comprar una propiedad de inversión ocupada por el propietario usando un producto comunitario convencional, luego una segunda propiedad usando un préstamo FHA, luego una tercera usando un préstamo VA? Eso es una locura, pero muy posible.

USDA

Un préstamo del USDA es otorgado por el Departamento de Agricultura de los Estados Unidos y está destinado al programa de Desarrollo Rural. Está dirigido a comunidades pequeñas, por lo que no puede usar un préstamo del USDA en ciudades o pueblos más grandes.

Los préstamos del USDA ofrecen una excelente opción de financiamiento del 100% para viviendas unifamiliares y otras propiedades selectas en áreas rurales. El USDA también ofrece un seguro hipotecario mensual muy bajo y una tarifa de financiamiento única del 1%. Existen restricciones de ingresos para un préstamo del USDA, pero son bastante razonables.

Lo único que muchos oficiales de préstamos tienden a pasar por alto en un préstamo del USDA es que las restricciones de ingresos se basan en todo el hogar y no solo en el prestatario individual que solicita. Sí, así es, incluso las personas que no están en el préstamo pero que viven con usted y tienen ingresos deben declararse y esos ingresos se aplicarán a las restricciones de ingresos. Además, otro inconveniente de un préstamo del USDA es que el DTI es más bajo que la mayoría de los otros productos en un 29% para la vivienda y un 41% para la deuda total.

Finalmente, estos préstamos pueden demorar más que su préstamo promedio porque su archivo debe enviarse al USDA para su revisión antes del cierre, lo que puede hacer que el proceso sea mucho más largo.

* Herramienta de consulta de ingresos USDA: https://eligibility.sc.egov.usda.gov/eligibility/incomeEligibilityAction.do

Programas comunitarios de subvenciones

Con solo un poco de esfuerzo, también puede encontrar algunos programas de subvenciones comunitarias para aplicar. Estos programas suelen trabajar en conjunto con algunos de los programas de préstamos mencionados anteriormente, como FHA y algunos de los productos Fannie o Freddie. La combinación de los dos es lo que permite una financiación del 100%. Si se encuentra en el estado de Massachusetts, MassHousing tiene un buen programa, y en el estado de Rhode Island, existe Rhode Island Housing.

Connecticut tiene Connecticut Housing Finance Authority, Florida tiene Florida Housing, Texas tiene Texas State Affordable Housing; esto es solo una muestra de lo que hay, y vale la pena analizarlos todos. También hay programas en las ciudades que le brindan un reembolso en efectivo que puede usar con cualquier programa, siempre que califique. Por ejemplo, la ciudad de Worcester, MA, tiene un programa de asistencia para el pago inicial de $5.000 y la ciudad de Springfield, MA, tiene un programa de asistencia para el pago inicial de $2.500.

Programas como estos pueden usarse para comprar propiedades multifamiliares de 1 a 4 unidades ocupadas por el propietario con 0% a 5% para un pago inicial. ¿No es asombroso?

¿Vive en un estado diferente? ¡No se preocupe! También hay otros programas excelentes, pero debe encontrar prestamistas participantes. Chenoa Fund tiene excelentes opciones de financiamiento al 100%, así como Land Home

Financial Services, Inc., pero utilizan corredores y prestamistas establecidos con estos programas.

Uno de los errores más comunes que cometen las personas al considerar estas opciones de financiación al 100% es pensar que no necesitan dinero para comprar la casa, lo que simplemente no es cierto. El hecho de que esté recibiendo el pago inicial no significa que no tendrá costos de cierre, que no tendrá que hacer un depósito para sacar la casa del mercado o que no tendrá que pagar las inspecciones o seguro.

Incluso con un financiamiento del 100%, aún necesita algo de efectivo para otros gastos. Recuerde que los costos de cierre se pueden negociar con el vendedor como un crédito de vendedor (también conocido como concesión de vendedor), pero en un mercado competitivo, cuanto más pida, es menos probable que un vendedor acepte su oferta. Así que prepárese.

Capítulo 5

Obtener una pre-aprobación

A menos que vaya a pagar el costo total de la casa de una sola vez y lo pague completamente de su bolsillo, lo cual es poco probable para alguien que no tenga su nombre en la lista de créditos finales de un éxito de taquilla, necesitará saber cuánto está dispuesto a prestarle un prestamista.

El secreto para una transacción fluida

Primero, necesita un buen equipo que pueda trabajar bien en equipo (lo veremos en el próximo capítulo).

En segundo lugar, debe ser muy organizado. El papeleo descuidado y la falta de atención a los detalles pueden causar retrasos y problemas durante el proceso de compra de una vivienda.

En tercer lugar, necesita un oficial de préstamos extraordinario.

Uno de los mayores problemas dentro de la industria es que solo porque tiene una carta de pre-aprobación, la aprobación está garantizada. Bueno ¡¿adivine que?! Una pre-aprobación es bastante inútil. Un oficial de préstamos puede estropearlo magníficamente y usted podría terminar perdiendo dinero. El problema aquí es que no hay absolutamente nada que pueda hacer al respecto. Por lo tanto, elija con cuidado y asegúrese de trabajar con alguien bien versado y experimentado. Su falta de conocimiento sobre productos y directrices podría afectarle negativamente.

Por último, tenga en cuenta que los prestamistas tradicionalmente basan su trabajo en conjeturas, por desafortunado que eso sea. No hay forma de que un prestamista sepa qué tipo de propiedad comprará en el futuro. Se recomienda encarecidamente que haga preguntas antes de proceder con una oferta de vivienda, especialmente si se trata de una vivienda multifamiliar ocupada por el propietario y que genera ingresos.

Si reside en los Estados Unidos. Siempre puede comunicarse conmigo y estaré más que feliz de ayudarle o guiarle en la dirección correcta. Puede visitar mi sitio web www.juliocroque.com para obtener toda mi información de contacto. Dicho esto, ¡sumerjámonos!

La organización es la clave

Aquí hay una lista de 10 elementos comunes que generalmente se necesitan para obtener una pre-aprobación. Dependiendo de su situación específica, es posible que se requieran otros documentos. Recuerde, la organización es la clave.

1. **W2 y declaraciones de impuestos**: todo lo que necesita son **los dos últimos años** de declaraciones federales 1040 y todos los anexos. No es necesario que proporcione declaraciones estatales. Si tiene un Anexo C para el trabajo por cuenta propia, un Anexo E para otras propiedades que posee o Corporate K-1, asegúrese de incluirlos. Simplemente eche un vistazo a sus declaraciones de impuestos y verá lo que se necesita. La primera página de sus impuestos por sí sola no es aceptable.

2. **Extractos bancarios**: esto es para demostrar que tiene fondos suficientes para cerrar la compra. Asegúrese de incluir todas las páginas y asegúrese de traer estados de cuenta reales de los **últimos dos meses**. La mayoría de los bancos le permiten imprimir estados de cuenta mensuales en línea, pero si las impresiones no tienen su nombre, información bancaria o número de cuenta, no se aceptarán. Si no hay un mes actual disponible, debe traer un resumen de las transacciones acompañado de dos meses de extractos bancarios completos. La impresión de su saldo por sí sola no es aceptable, ya que los prestamistas necesitan ver todas las transacciones de dinero que entra y sale de sus cuentas.

    Recibos de pago: Esté preparado para proporcionar **dos de sus recibos de pago más recientes** y asegúrese de que tengan todos los ingresos del año hasta la fecha, así como su nombre. Recuerde, un prestamista observará sus ganancias del año hasta la fecha para asegurarse de calcular el ritmo de los ingresos que afirma tener.

Si se vio afectado por el Covid-19 y se ausentó del trabajo, lo suspendieron, o su empleador lo despidió por un par de meses debido a la situación, está bien. Solo necesita informarle al prestamista con anticipación para asegurarse de que tome las medidas necesarias para calcular los ingresos correctamente.

3. **Identificación:** asegúrese de tener una identificación vigente, como una licencia de conducir o un pasaporte. Si tiene su tarjeta de seguro social a mano, inclúyala también.

4. **Propiedades adicionales:** si posee otras propiedades, necesitará los estados de cuenta hipotecarios, las páginas de declaración de seguro y las facturas de impuestos más recientes. Si tiene inquilinos y tiene ingresos por alquiler, los contratos de arrendamiento serán necesarios para respaldar los ingresos por alquiler reclamados. Los bancos ven los ingresos por alquiler de una manera muy similar al trabajo por cuenta propia, así que tenga cuidado con sus pérdidas.

5. **Corporaciones:** si posee una S Corp o cualquier otro tipo de corporación o sociedad, y presenta impuestos corporativos separados, asegúrese de traer los últimos dos años de esas declaraciones de

impuestos, así como cualquier K-1 o W2 que su empresa haya emitido. A usted.

6. **Inversiones**: Si tiene cuentas de jubilación o de inversión, como 401k, ROTH IRA, acciones o bonos, asegúrese de traer también sus estados de cuenta completos. Por lo general, este tipo de declaraciones son declaraciones trimestrales. Incluso si estos fondos no se están utilizando, fortalece su archivo y puede usarse como reserva si es necesario. Aunque no necesita tocar o retirar esos fondos si los usa como reserva, un prestamista puede solicitarle los términos y condiciones de retiro de la cuenta que trae, así que inclúyalos también. Solo quieren asegurarse de que pueda acceder a los fondos en caso de una emergencia.

7. **Problemas ocultos**: asegúrese de divulgar todo lo que pueda no aparecer en su informe crediticio, como pagos de manutención de menores o pagos de ingresos y pensión alimenticia. Los prestamistas tienen formas de buscar cosas como esta, así que sea sincero y delas a conocer, para que no ocurra nada más tarde. Además, si realiza pagos al IRS o tiene un automóvil a nombre de su hermano, pero está haciendo los pagos usted mismo, sea claro y franco al respecto también. Su prestamista buscará patrones en sus extractos bancarios y cualquier gasto que indique tales situaciones. Piénselo de esta manera, un oficial de préstamos puede no ver esos pequeños detalles, pero un garante ciertamente no lo hará.

8. **Historial laboral:** Todo el mundo necesita un historial laboral de dos años. Si ha tenido varios empleadores en los últimos dos años, asegúrese de traer las fechas de inicio y finalización, direcciones y números de teléfono, ya que el prestamista deberá ver cualquier brecha laboral. Si hay brechas, tendrá que retroceder más de dos años para obtener el historial laboral requerido. Lo mejor es pensar como si necesitara un currículum para un trabajo. Un prestamista necesita ese currículum. Si la información que proporciona es inexacta, podría haber problemas potenciales en el futuro. Si se graduó recientemente de la universidad, asegúrese de tener las fechas de la universidad, el título y el expediente académico, ya que puede usarlos para su historial laboral y comprar una casa inmediatamente después de comenzar a trabajar. Además, no se deje engañar por el hecho de que necesita dos años con el mismo empleador. Eso no es verdad. Está bien tener varios empleadores siempre que estén en la misma industria. Muchos cambios de trabajo requerirán una explicación y pueden causar la denegación, ya que muestra un historial laboral inestable.

9. **Green Cards y permisos de trabajo:** si corresponde, asegúrese de tener su Green Card y permiso de trabajo disponibles, pero asegúrese de consultar con su prestamista, ya que algunos no aceptan ciertas categorías de permisos de trabajo. El permiso de trabajo no puede caducar. Si es así, traiga prueba de

recibo de renovación y permisos vencidos previamente para demostrar la continuidad.

Lo anterior es una idea general del papeleo que puede necesitar para obtener una pre-aprobación. Tenerlos a mano y lo más completos posible ayudará a su prestamista a obtener una pre-aprobación mucho más rápida.

Una vez que tenga esa pre-aprobación, puede comenzar a buscar una casa. Recuerde, los prestamistas tienen el hábito tradicional de emitir pre-aprobaciones basadas en conjeturas. No puedo enfatizarlo lo suficiente.

Comuníquese y haga muchas preguntas. Una vivienda un poco mejor y más cara podría conllevar un pago menor que una vivienda más barata debido a otros gastos que la vivienda pueda acarrear, y no querrá perder esa oportunidad simplemente porque su carta de pre-aprobación lo dice.

No lo olvide... ¡El precio no importa, el pago sí!

Capítulo 6
El equipo de ensueño

Nada en la vida es tan simple como parece, especialmente el proceso de compra de una vivienda. Es mucho lo que implica comprar una casa, y la mayoría de las pesadillas que escucha sobre personas que tienen malas experiencias se debe a que no tienen el equipo profesional adecuado trabajando para ellos. Elija sabiamente y asegúrese de que trabajen bien juntos.

El objetivo es, por supuesto, asegurarse de que tenga un equipo que se enfoque en llevarlo a una casa. Necesita personas que trabajen bien a nivel interinstitucional y personas que trabajen bien con usted.

Un choque de personalidades puede no parecer mucho durante un trato comercial, pero hay muchas cosas en la compra de una casa, y usted no quiere correr el riesgo de que haya problemas debido a sentimientos heridos. Se puede hacer o romper un trato de compra de vivienda según el equipo que haya formado. Habiendo dicho eso, echemos un vistazo a los profesionales junto con sus roles para ayudarle con su compra.

El equipo adecuado = una transacción exitosa

El profesional inmobiliario: Uno de los mayores malentendidos que veo cuando se trata de contratar a un profesional inmobiliario es pensar que te va a costar mucho dinero. Ese no es el caso en absoluto. Cuando un vendedor contrata a un agente de ventas, se establece un contrato por una tarifa fija y esa tarifa se divide entre el agente de ventas y el agente del comprador (su agente).

El vendedor paga esa tarifa de todas formas, incluso si solo usa el agente de ventas. La única diferencia es que, al utilizar el servicio de solo el agente de venta, él/ella se queda con la tarifa completa en lugar de dividirla. Recuerde, la responsabilidad fiduciaria de un agente de ventas es del vendedor, no de usted como comprador. Entonces, si no le está costando nada, ¿por qué no se asegura de tener un agente bueno y capacitado que lo represente?

Un profesional de bienes raíces experimentado definitivamente tendrá todos los contactos necesarios para comenzar en la dirección correcta.

Le recomiendo que trabaje con un Realtor, que no es lo mismo que un agente inmobiliario. Los Realtor deben seguir un estricto código de ética establecido por la NAR (National Association of Realtors) además de los requisitos estatales de educación continua. Los Realtors deben tomar cursos, capacitación y pruebas adicionales sobre el código de ética. También tienen acceso a recursos y capacitación adicionales a los que un agente inmobiliario promedio no tiene acceso. Ahora, no me malinterprete, eso no quiere decir que los buenos agentes de bienes raíces también tienen que ser Realtors, no es así, y hay muchos buenos agentes inmobiliario, pero es importante saber la diferencia entre los dos. Todos los Realtors son agentes inmobiliarios, pero no todos los agentes inmobiliarios son Realtors, al igual que todos los contadores públicos son contadores, pero no todos los contadores son contadores públicos.

El profesional de bienes raíces que elija le ayudará a encontrar la casa adecuada, negociar los términos, organizar inspecciones y, en algunos estados, incluso creará el acuerdo de compra y venta. Definitivamente pasará mucho tiempo con esta persona, así que asegúrese de que encajen bien el uno con el otro y que se lleven bien.

El prestamista: El prestamista que elija depende de dónde planea obtener su préstamo hipotecario. Hay muchas opciones disponibles. Demos un vistazo a tres de las opciones más comunes a continuación.

1. Bancos locales: los bancos locales son donde normalmente realiza sus operaciones bancarias de cheques y ahorros. Los bancos locales pueden tener muchas overlays a veces, así que haga preguntas si planea usarlos.

2. Agentes hipotecarios: los agentes hipotecarios no prestan dinero; simplemente trabajan como intermediarios entre usted y el prestamista. Lo bueno de los agentes es que tienen muchas opciones para elegir, y es probable que tengan acceso a prestamistas sin overlays.

3. **Prestamistas corresponsales no delegados:** al igual que un agente, tienen toneladas de opciones cuando se trata de prestamistas, pero en este caso, prestan específicamente su propio dinero. Esto es bastante bueno porque, además de todas sus opciones, controlan la transacción, lo que permite un cierre más rápido.

Con los agentes o corresponsales no delegados, tiene muchas más opciones de financiamiento, lo que le da la oportunidad de comparar precios para encontrar la mejor oferta.

Abogados: Por lo general, hay tres abogados involucrados en una transacción de compra:

1. El abogado del banco: el abogado del banco representa al banco en la mesa de cierre. Él/ella es el abogado del banco, pero a menudo también representará al comprador (sin embargo, esto definitivamente no es obligatorio y siempre se le permite buscar otro abogado para que lo represente). En algunos casos, si tiene un abogado que trabaje con el banco para otros prestamistas, puede preguntar si el prestamista que está utilizando les permitirá también hacer el cierre. Esta es una buena manera de que su abogado haga ambas cosas, pero no siempre está permitido ya que algunos prestamistas no contratan abogados nuevos. Independientemente del camino que tome, asegúrese siempre de tener un abogado que lo represente.

2. El abogado del comprador: el abogado del comprador representa al comprador en la revisión de contratos como el acuerdo de compra y venta. Como se mencionó anteriormente, puede verificar y ver si su abogado también realiza representación bancaria y ver si su prestamista permite nuevos abogados.
3. El abogado del vendedor: el abogado del vendedor representa al vendedor y prepara el acuerdo de compra y venta en la mayoría de los casos.

Recuerde, los contratos tales como un acuerdo de compra y venta generalmente los prepara el abogado del vendedor, quien tiene la responsabilidad de actuar en el mejor interés del vendedor, no en el suyo. Hay un gran beneficio en tener un abogado que vele por sus mejores intereses mientras revisa todo y solicita cambios en su nombre. Asegúrese de contratar a uno bueno porque no todos los abogados de los compradores son buenos, y he visto a muchos dejar cometer errores a costa de una pequeña fortuna para su cliente.

Inspector de viviendas: una vez que tenga una oferta aceptada, es muy prudente contratar un inspector de viviendas. Puede investigar para encontrar uno en línea, o su profesional de bienes raíces puede recomendar algunos si prefiere su ayuda.

Algunos inspectores de viviendas también realizan otros tipos de inspecciones, como inspecciones de plagas e inspecciones de radón, por lo que a veces puede matar dos pájaros de un tiro si planea hacer otras inspecciones a la propiedad. Si tiene varios inspectores, asegúrese de que todos estén certificados en sus áreas de especialización.

* Un sitio web llamado Certified Master Inspector tiene una gran lista de inspectores de viviendas. https://certifiedmasterinspect-or.org/

Agente de seguros: Deberá obtener una póliza de seguro de propietario para la casa que está comprando. Al igual que no se puede sacar un automóvil nuevo del lote del concesionario sin seguro, un prestamista no le permitirá cerrar una casa a menos que haya seguro en la propiedad. Es posible que pueda combinar su seguro de automóvil y de propietario de vivienda con su proveedor actual, pero definitivamente también puede comparar ofertas para encontrar una gran cobertura y primas más bajas.

Capítulo 7

La casa de sus sueños le espera

¡Aquí es donde realmente comienza la diversión! Esta parte del proceso puede ser emocionante, pero a veces también puede resultar frustrante, especialmente en un mercado de vendedores competitivo. Cuanto mejor preparado esté con lo que busca, más fácil será el proceso. Veamos y repasemos lo que nos espera.

Buscar el hogar adecuado

Este podría ser el paso que más entusiasma a todos y, a menudo, el que requiere más tiempo. Es importante encontrar una casa que se adapte a sus necesidades y presupuesto. Lo primero que debe hacer, por supuesto, es averiguar exactamente lo que necesita. Tiene que pensar a largo plazo. Haga una lista de todo lo que su casa y propiedad deben tener.

Todos tenemos una visión de la casa de nuestros sueños, que puede parecer una casa de cinco habitaciones con tres pisos, cuatro baños y una piscina, pero eso no es económicamente viable para todos. Por otro lado, es posible que su familia necesite más que la casa de un solo dormitorio que se ajusta fácilmente a su presupuesto o terreno equivalente al tamaño de un armario. Tómese su tiempo para elegir su hogar. Es una decisión que realmente debe pensar bien.

Comprar una casa es una inversión a largo plazo, así que piense en el futuro. ¿Su familia se expandirá en los próximos cinco a diez años? ¿Hay mascotas en su futuro? Si, por ejemplo, está pensando en comprar un perro o un caballo, querrá observar el tamaño del patio y determinar si necesitará una cerca o revestimientos.

¿Trabaja desde casa? ¿Necesitará un espacio más pequeño para convertirlo en una oficina o sala de trabajo? Es posible que no esté comprando su "hogar para siempre" en este momento, pero lo más probable es que se quede ahí por un tiempo. Estas son las cosas que debe tener en cuenta.

Piense en dónde quiere vivir. ¿Está buscando un ambiente más rural o suburbano? ¿Quiere permanecer en la misma ciudad, mismo condado o mismo estado? Todas estas cosas afectarán el proceso de búsqueda, así que sea lo más detallado posible.

Además, tenga en cuenta las comodidades. Es posible que tener una piscina no sea la principal prioridad para su compra, pero es algo que debe pensar. ¿Está dispuesto a pagar más por algo así si lo pone en su lista de "deseos"? Si es así, ¿cuánto está dispuesto a subir de precio? Deben tenerse en cuenta las cosas simples de la vida para esta decisión nada simple. Si hay otros adultos en el hogar, asegúrese de hablar con ellos y ver cuál es su opinión al respeto. Si usted es el único que toma las decisiones involucradas en la mudanza, se le puede recomendar que analice todo esto con su profesional de bienes raíces.

A menudo nos quedamos viendo solo el panorama general y mientras tanto, todos los pequeños detalles pueden convertirse fácilmente en un enredo. Somos humanos, y los humanos somos seres olvidadizos, por lo que tener a alguien más con quien hablar y compartir ideas podría ser lo que necesita para descubrir qué falta en la búsqueda de su casa.

Una vez más, insisto en lo importante que es hacer listas. Mantenga un registro de cada idea y asegúrese de anotar todas las posibilidades.

Mudarse es mucho trabajo lleno de detalles que requieren mucho tiempo. Sin embargo, esos detalles son importantes, incluso si no parecen ser gran cosa. Está a punto de asumir un cambio y tomar una decisión que literalmente alterará el camino de su vida actual. ¡No se apresure! ¡Piense bien las cosas!

Asegúrate de poder resolver las cosas, especialmente en esta fase del juego. Hasta ahora, no ha asumido ningún compromiso. Todavía está buscando la casa en cuestión, lo que significa que todo sigue en su lugar.

Algunas personas quieren tomar el camino más estrecho y solo mirar las casas que saben que encajarán en su molde. Otras personas pueden ser un poco flexibles en sus decisiones y considerar casas que tal vez no hayan elegido por su cuenta, casas que sean un poco más caras de lo que pensaban originalmente o casas con otras comodidades de las que decidieron originalmente.

La forma en que maneja esta parte del proceso de selección de vivienda depende de usted. En este momento, no hay una elección correcta o incorrecta. Explore y encuentre el camino y la casa que se adapte a sus necesidades únicas.

Otra cosa para tener en cuenta al elaborar el plan de juego para su propiedad es que debe examinar personalmente sus posibles viviendas. Eso va a costar tiempo y dinero para la gasolina, por lo que es mejor que piense en simplificar el proceso. Verifique si alguna de las casas que está viendo tiene recorridos virtuales por los que puede caminar para ver si vale la pena hacer el viaje. Intente ver varias casas el mismo día para ahorrar tiempo o visite varias casas en la misma área.

De hecho, es útil asegurarse de poder tener una conversación sincera sobre la situación con su profesional de bienes raíces. Hágales saber exactamente lo que está buscando. No tiene que preocuparse por ser demasiado específico. El trabajo de ellos es ayudar a localizar las casas que le interesan.

Las cosas irán mucho mejor si logra ser abierto y honesto sobre lo que está buscando. Deje que su profesional de bienes raíces le ayude a reducir algunos esfuerzos innecesarios.

Puede parecer divertido tratar de abordar esto como un proceso de pagar por usar, pero considerando que el vendedor es el que paga la tarifa de su agente por usted, asegúrese de aprovecharlo. Sinceramente, son algunos de los miembros más útiles de su equipo.

Guerra de pujas y negociación de una oferta

No hay duda de que actualmente estamos en un mercado de vendedores locos. Llamarlo competitivo es quedarse corto. Aquí hay un poco de información privilegiada sobre cómo enviar una oferta y algunas estrategias que pueden ayudarle. Para obtener información sobre el mercado en el área en la que vive y cómo proceder con una oferta, nadie puede asesorarlo mejor que su excelente profesional inmobiliario local, pero, de todos modos, aquí hay algunas sugerencias para usted:

Al comprar una casa, generalmente tiene un pago inicial y costos de cierre. A veces, los compradores tienen el pago inicial pero no tienen los fondos necesarios para los costos de cierre, por lo que intentan negociar los costos de cierre como un crédito del vendedor como parte de la oferta. Esto sucede con frecuencia, pero en un mercado competitivo, cuanto más le pida a un vendedor, menos probabilidades tendrá de obtener con éxito una propiedad que tenga múltiples ofertas porque básicamente le está pidiendo al vendedor que le dé dinero de sus ganancias para cubrir algunos de sus gastos. En una situación de oferta múltiple, definitivamente irán con una oferta que les ponga más dinero en el bolsillo. Por lo tanto, si puede ahorrar un poco más de dinero para cubrir algunos o todos los costos de cierre, sus posibilidades de que la oferta sea aceptada aumentarán exponencialmente. Usar sus propios fondos lo hace parecer un comprador fuerte.

Por lo general, cuando presenta una oferta, usualmente realiza dos depósitos (según el área en la que viva). El primer depósito es un depósito de buena fe y se proporciona con la oferta inicial para asegurar la propiedad mientras realiza las inspecciones, etc. Suele ser un pequeño depósito. El segundo depósito, mucho más grande, se otorga cuando firma el acuerdo de compra y venta, que, una vez ejecutado en su totalidad, reemplaza la oferta.

Un depósito inicial más pequeño, que a menudo es de $500 a $1000, hace que sea bastante fácil para los compradores abandonar el trato si cambian de opinión. Hacer un primer depósito mayor es una gran estrategia para hacer que su oferta sea más atractiva para un vendedor, ya que estaría más atrapado y probablemente menos propenso a alejarse. No mucha gente se preocupa por $ 500, pero si usted estuviera comprometido por $3.000, esa podría ser una historia diferente. Si hace un depósito mayor, asegúrese de que esta sea la casa para usted. Si cambia de opinión y se marcha, perderá esos fondos. Al final, lo mejor que debe recordar es que cuanto más dinero deposite para el primer y segundo depósito, más atractiva será su oferta para el vendedor.

Otra estrategia competitiva para utilizar es la exención de una inspección de la vivienda. Esta definitivamente no es mi opción favorita, y personalmente estoy en contra de que un comprador renuncie a una inspección de la casa, pero veo que esto ocurre con frecuencia. Renunciar a la contingencia de inspección de la casa significa que está comprando una casa sin saber realmente en qué condición puede estar. Esto puede ser riesgoso, pero a los vendedores les encanta no tener que preocuparse por una inspección de la casa, por lo que hacerlo definitivamente puede acercarlo más al frente de la línea en una guerra de pujas.

También puede considerar la posibilidad de crear un acuerdo para realizar una inspección de la vivienda solo con fines informativos, que le permitiría realizar la inspección de la vivienda y conocer el estado de la propiedad, pero le excluiría de utilizar esa inspección como herramienta de negociación. Solo tenga en cuenta que, si se retracta, podría perder ese primer depósito según los términos de su acuerdo.

Otro método utilizado para superar a la competencia en una guerra de pujas es una cláusula de escalada. Una cláusula de escalada permite a los compradores la oportunidad de escalar o aumentar su oferta hasta una cantidad máxima especificada para superar las ofertas de la competencia. Esta acción se activa cuando se recibe una oferta superior a la que presentaron inicialmente los compradores en cuestión.

Entonces, supongamos que está buscando una casa en venta por $400.000 y hay varias ofertas sobre la mesa. Ofrece $430.000 con una cláusula de escalamiento de $1.000 hasta un máximo de $450.000. Si hay otra oferta sobre la mesa por $435.000, su oferta aumentará automáticamente a $436.000. Esto puede ayudar enormemente. Por lo general, deberá solicitar evidencia de la otra oferta antes de comprometerse por completo.

83

Aquí hay otra táctica que puede utilizar en el proceso de licitación. Supongamos que ve una propiedad que cotiza en $400.000 con otra situación de oferta múltiple. Puede ofrecer una cantidad ridículamente alta como $480.000 (aunque sepa que la propiedad no vale la pena), pero haga que la oferta esté sujeta a una tasación de la propiedad que sea igual o superior al precio de compra. Una de dos cosas sucederá en una situación como esta si su oferta es aceptada.

Primero, si la casa está tasada en o por encima de los $480.000, felicidades, ¡obtendrá la casa por lo que vale! Si la casa se valora a un precio más bajo, $450.000, por ejemplo, usted volvería al vendedor para negociar la bajada del precio. Aunque un vendedor no está obligado a bajar el precio, la mayoría de las veces lo hará. He visto esto funcionar muchas veces con agentes sin experiencia que se ven sorprendidos por un número más alto y piensan que esa es la oferta más sólida, pero un agente experimentado analizará mucho más profundamente las fortalezas de lo que realmente se está presentando.

Una técnica diferente que a muchos vendedores les encanta es esta, y podría funcionarle. Simplemente renuncie a la contingencia de tasación si tiene un poco de dinero para gastar y desea la casa con todas sus fuerzas. Básicamente, si usamos el mismo ejemplo anterior en el que presenta una oferta de $480.000 en una propiedad que cotiza en $400.000 y la tasación es de $450.000, pagaría los $30.000 adicionales al vendedor. Esto les asegura que están recibiendo su dinero de todas formas.

A continuación, se incluye un último enfoque para utilizar durante el proceso de licitación. Es un viejo truco y ha funcionado muchas veces, pero por lo general solo veo que funciona cuando hay un vínculo emocional con la propiedad. Escríbale una carta al vendedor indicando sus razones para querer comprar la casa y cuéntele un poco sobre usted. Recientemente encontré una casa que fue construida a medida en la década de 1960 para una pareja y sus dos hijos. Los niños, ya mayores y fuera de casa con sus propias familias, estaban vendiendo la casa porque los padres habían fallecido. Con una situación de oferta múltiple, los hijos no eligieron la mejor oferta ni la más fuerte. En cambio, terminaron eligiendo la única que vino con una carta. La carta describía a una hermosa familia y explicaba con entusiasmo por qué querían la casa. El vínculo emocional de los vendedores con la casa hizo que les importara más que una buena familia obtuviera la propiedad que la cantidad en dólares de las ofertas disponibles. A veces, un agente de listado pondrá un poco de información sobre el historial de la propiedad en la descripción pública para ayudarle a identificar una propiedad como esta, pero créame, esto funcionará solo en circunstancias específicas, y no funcionará para el tipo cambiando una casa que solo le importa el balance final.

Hay muchas formas de ser creativo con una oferta para competir en una guerra de pujas y aumentar sus posibilidades de ganar la propiedad, y tengo muchas más bajo la manga, pero siempre tenga en cuenta que nadie puede ayudarle mejor que el profesional inmobiliario que ha elegido.

Fechas importantes de la oferta

Muchos profesionales de bienes raíces hacen un trabajo horrible al explicar adecuadamente las fechas importantes y las consecuencias de una oferta. Un buen amigo mío en Carolina del Norte acaba de perder $2.000 y no tenía idea de que el dinero estaba en riesgo debido a que el agente no explicó adecuadamente la oferta.

Para algunas de estas fechas, es el prestamista el que debe cumplir con los plazos, por lo que debe asegurarse de tener un agente que esté al tanto de lo que se requiere. Es muy importante trabajar con un equipo de profesionales que trabajen bien juntos y se comuniquen. Echemos un vistazo a algunas de estas fechas a continuación.

Fecha de contingencia hipotecaria: además de la fecha de cierre, esta es la fecha límite más importante. Siempre me gusta ver esta fecha no más de 7 días antes de la fecha de cierre. Esta es la fecha en la que todo financiamiento debe estar en orden y completo.

Eso significa que no hay nada pendiente y que el prestamista ahora se compromete a otorgarle el préstamo. Eso también significa que hay una titularidad exenta de todo gravamen y un buen informe de tasación. Si no puede tener todo el financiamiento listo para esta fecha, **DEBE** asegurarse de solicitar una **EXTENSIÓN** de esa fecha.

Esta es la fecha en que todos sus depósitos se entregan al vendedor, y definitivamente no hay vuelta atrás. O cierra o pierde todo su dinero. Si tiene un buen abogado que lo represente, se agregaría una cláusula para limitar los daños en caso de que esto suceda. Sin esta cláusula, todo su dinero podría estar en riesgo. **NO** confíe en que nadie para esté al tanto de estas fechas por usted. Veo que los profesionales cometen errores todo el tiempo, poniendo en riesgo los fondos de los compradores.

Hay una buena razón por la que personalmente me gusta que esta fecha se establezca para no más de siete días antes del cierre. Las verificaciones finales de una hipoteca deben realizarse menos de diez días antes del cierre. Supongamos que obtiene un compromiso 15 días antes del cierre y su depósito se libera para el vendedor. Luego, ingresa al período de esos diez días y algo se deslizó en su informe de crédito, cambiando su calificación. ¿Sabe lo que podría pasar? ¡¿adivine que?! Si se entregó su carta de compromiso y el cambio lo descalifica para obtener la hipoteca, perderá su depósito. Podemos hablar todo el día sobre las razones y cosas que pueden suceder para que pierda su depósito, pero lo que quiero que se le inculque en la mente es que cuanto más cerca de la fecha de cierre esté su compromiso, más seguro estará su dinero.

Aquí hay un buen ejemplo de algo que le sucedió a alguien que conozco y que fue causado por una falta de comunicación por parte del equipo y una falta de conocimiento y comprensión por parte del comprador. La carta de compromiso ya estaba y aún no se había finalizado la financiación. Si algo ya le he enseñado es que, si la financiación no está completa al 100%, **DEBE** conseguir una prórroga en la fecha de compromiso o puede perder dinero. En este caso, el abogado del comprador envió al comprador una extensión del compromiso hipotecario para que lo firmara, extendiendo el compromiso hipotecario por una semana. Dado que el compromiso hipotecario se estaba extendiendo, la fecha de cierre también necesitaba una extensión. El comprador firmó las extensiones y el abogado del comprador se las envió al abogado del vendedor.

Ahora, lo que ocurrió fue que el agente de bienes raíces del comprador también le envió al comprador una extensión para que la firmara, pero no extendió el compromiso hipotecario. El agente lo pasó por alto por completo y envió una extensión solo para la fecha de cierre, manteniendo la misma fecha de compromiso hipotecario. El comprador firmó esa extensión y el agente también la remitió al abogado del vendedor.

¡¿Adivine qué pasó?!

El abogado del vendedor ahora tenía dos prórrogas, ambas ejecutadas por el comprador, y lo único que quedaba para oficializar cualquiera de ellas era la firma del vendedor. Bueno, el abogado del vendedor eligió el que extendía solo la fecha de cierre, por lo que liberaba el depósito del comprador a los vendedores.

Los compradores tenían $15.000 comprometidos, y el abogado del vendedor fue muy claro en que, si ese trato no se cerraba a tiempo, tenían toda la intención de quedarse con el depósito y volver a poner en venta la propiedad. Afortunadamente, el comprador cerró a tiempo, pero ¿puede imaginarse el nivel de estrés que uno atraviesa en una situación como esta? Escenarios como este se pueden evitar con la ayuda de un agente experimentado y algunos conocimientos del comprador. He decidido poner mis 18 años de experiencia en este libro para ayudar a los compradores a tener transacciones más exitosas, para ayudarles a evitar situaciones como esta.

Fecha de cierre: este es el día en que firma y obtiene las llaves de su nuevo hogar. Lo más importante que debe saber sobre esta fecha es asegurarse de obtener una extensión si no puede cerrar a tiempo. Las extensiones son bastante comunes y ocurren todo el tiempo.

Fechas de inspección: cuando envía una oferta, tiene un tiempo limitado para realizar y responder a las inspecciones. Por lo general, tiene de 7 a 10 días para realizar una inspección y de 24 a 72 horas para responder al vendedor sobre los resultados de esas inspecciones. Si necesita más tiempo, debe solicitarlo por escrito para una extensión. Si no se extiende, podría perder sus derechos a la inspección y renunciar a esa contingencia.

Fecha de compra y venta: esta es la fecha límite para tener un acuerdo de compra y venta totalmente ejecutado. Dependiendo de la parte del país en la que se encuentre, esto puede variar. Algunos lugares entran directamente en un acuerdo de compra y venta de inmediato, mientras que, en otras áreas, generalmente se inicia una compra y venta después de que se realizan las inspecciones, en caso de que haya algún cambio o negociación debido a esas inspecciones.

Las cosas en bienes raíces pueden diferir de un lugar a otro, por lo que siempre es bueno tener a alguien que conozca bien su área. En Massachusetts, generalmente se espera una compra y venta completamente ejecutadas dentro de los 14 días, pero ninguna de estas fechas es concreta y puede cambiar según la situación y la oferta presentada.

Fecha de solicitud de hipoteca: esta es la fecha en la que se espera que haya enviado la solicitud de hipoteca completa. Por lo general, es entre 7 y 14 días, pero nuevamente, esto podría cambiar de un área a otra y depende de la oferta enviada.

Fecha de duración de la oferta: este es el período de validez de su oferta y el período de tiempo que el vendedor tiene para firmar y aceptar su oferta para que sea válida y se ejecute por completo. Una vez que pasa la fecha, su oferta ya no es válida y ya no está comprometido con ese trato. Esa fecha suele ser de 24 horas, pero en los listados donde esperan múltiples ofertas, la fecha de duración de la oferta podría ser de unos pocos días.

Inspecciones de viviendas y otras inspecciones

Al comprar una casa, tiene una serie de inspecciones disponibles que puede realizar en la propiedad, y las que realice definitivamente variarán.

El profesional de bienes raíces que lo ayude debería poder orientarle en estas inspecciones. Algunas de las inspecciones que puede realizar en una vivienda son, entre otras, una inspección del estado general de la propiedad, inspección de pintura con plomo, prueba e inspección de radón e inspección de plagas.

Negociar los resultados de la inspección

Algunas personas malinterpretan completamente el propósito de una inspección de la vivienda. El propósito de una inspección de la vivienda es comprender el estado de la propiedad y abordar las principales preocupaciones. Una vez vi a un comprador pedirle al vendedor que terminara un sótano sin terminar, no por una inspección de la vivienda, sino porque quería un sótano terminado. Ese no es realmente el punto. Una inspección de la vivienda le brinda la oportunidad de abordar problemas importantes como plomería, calefacción, electricidad, problemas estructurales o del techo. Puede negociar una reducción de precio o un crédito al vendedor para ayudarle con los costos de cierre, o simplemente puede pedirle al vendedor que lo arregle si está dispuesto y puede hacerlo.

Es posible que un vendedor no tenga los fondos para arreglar los artículos solicitados, por lo que es entonces cuando puede solicitar una reducción de precio o un crédito de vendedor para ayudarle a pagar sus costos de cierre para que pueda tener más fondos disponibles para solucionar el problema usted mismo. También puede solicitar que se aborden y solucionen problemas más pequeños o que obtengan un crédito o una reducción de precio, pero las inspecciones no están destinadas a ser puntillosas en cada pequeño problema.

Como sabe, la mayoría de las casas que compra no serán perfectas a menos que sea una construcción nueva (e incluso entonces, no es perfecta). Además, recuerde que es un mercado de vendedores y pedir demasiado podría presionar al vendedor para que cancele el trato y se vaya con otro comprador. Hace poco vi a un comprador intentar pedirle a un vendedor demasiados arreglos pequeños y tediosos, y el vendedor ni siquiera trató de negociar.

Simplemente dejaron al comprador y se fueron con otra de las varias ofertas que tenían. Luego, el comprador trató de decirle al vendedor que lo olvidara y que él mismo haría las reparaciones, pero al vendedor no le importó y, por frustración, seleccionó a otro comprador.

El acuerdo de compra y venta

El acuerdo de compra y venta en la mayoría de los lugares se produce inmediatamente después de la inspección de la vivienda. Las reducciones de precio y/o los créditos del vendedor se reflejarán en el acuerdo de compra y venta. O, si el vendedor acepta hacer reparaciones, luego se agrega un apéndice de reparación al acuerdo de compra y venta.

Ahora, no todo el mundo presentará una oferta y luego creará un acuerdo de compra y venta. Algunos entran directamente en un acuerdo de compra y venta, y luego renegocian el acuerdo (que termina siendo lo mismo). El acuerdo de compra y venta es importante porque la mayoría de los tasadores ni siquiera van a ver una propiedad ni a realizar una tasación sin conocer los términos del acuerdo. Por lo tanto, cuanto antes pueda pasar la inspección de la casa y negociar todo para entrar en un acuerdo de compra y venta, mejor y más rápido será el proceso.

Capítulo 8
Asegurar el financiamiento

La pre-aprobación inicial la establece un oficial de préstamos y rara vez la revisa un asegurador. Incluso cuando la revisa un asegurador, cuando llegue el momento de asegurar el financiamiento, habrá que actualizar y presentar documentos adicionales.

Asegurar su financiamiento llega tan pronto como encuentre una propiedad y tenga un acuerdo de compra y venta firmado. Veamos lo que puede esperar.

Documentos necesarios

Los documentos que necesitará una vez que comience a asegurar su financiamiento son prácticamente todos los mismos documentos que su pre-aprobación, pero es posible que también necesite algunos adicionales. Si han transcurrido más de 30 días desde que obtuvo su pre-aprobación, asegúrese de traer todos los documentos actualizados, como recibos de pago, extractos bancarios, estados de ganancias y pérdidas si trabaja por cuenta propia, etc.

Algunos documentos adicionales que verá que un prestamista suele solicitar son copias de los cheques de depósito cobrados que dio para el depósito inicial, el acuerdo de compra y venta (se deberá proporcionar un extracto bancario actualizado para mostrar estos cheques cobrados), una carta de explicación para consultas sobre su informe de crédito (solo quieren asegurarse de que usted no tenga ninguna responsabilidad adicional que no conocieran), cartas de explicación para cosas como direcciones que aparecen en su informe de crédito pero no en la solicitud de crédito, tiempo sin empleo y razones para comprar otra propiedad de inversión ocupada por el propietario si ya posee una.

También deberá enviar cartas sobre regalos y su relación con la persona que le regala los fondos si recibe un regalo monetario, así como su extracto bancario.

Es imposible poner todo lo que un prestamista puede pedir en un libro, por lo que solo necesita recordar una cosa: ¡trabaje con un profesional experimentado! Todo el mundo tiene una situación única, y un oficial de préstamos experimentado captará muchas cosas que un asegurador le pedirá.

En esta etapa, su archivo se envía a un asegurador para una aprobación real (ya no una pre-aprobación). Una vez recibido, se le proporcionará una lista de documentos necesarios, como los mencionados anteriormente. Tenga en cuenta que algunos documentos que envíe pueden hacer que el asegurador solicite cada vez más documentación. Por ejemplo, si realizó un gran depósito en su cuenta bancaria después de la pre-aprobación, deberá proporcionar pruebas sólidas de la procedencia de ese gran depósito. El prestamista querrá encontrar el origen, y una carta de su madre indicando que le dio el dinero en efectivo no sería suficiente.

Además, si tiene algún tipo de pago de manutención infantil o pensión alimenticia, asegúrese de tener su sentencia de divorcio y otros documentos judiciales, ya que el prestamista los necesitará. Como con cualquier otro documento requerido para un préstamo, debe proporcionar todas las páginas.

Cartas de motivación y cartas de explicación

Esto es muy importante. Dependiendo de su transacción, deberá proporcionar cartas de motivación o cartas de explicación para ciertas cosas. Esto es importante porque la gente tiende a olvidar que un asegurador, que también es un ser humano, está revisando su expediente. Las cartas que envíe deben tener sentido, ser convincentes y proporcionar la información adecuada.

Cuando era asegurador, no me gustaba cuando un comprador intentaba engañarme. Veía esto a menudo y terminaba negando la solicitud. Por ejemplo, si está comprando un edificio de tres familias ocupado por el propietario, pero ya posee uno, necesita una fuerte carta de motivación.

Aquí hay un ejemplo de una carta de motivación débil que fue negada por un asegurador:

> "Las principales razones por las que queremos otro edificio son porque actualmente tenemos tres dormitorios y la nueva casa tiene cuatro. Tenemos tres hijos y

> necesitamos más espacio. La nueva casa también tiene un garaje para tres coches, eso es bueno, y no tenemos garaje".

La carta anterior fue denegada porque el asegurador no consideró que el comprador hubiera incluido una razón suficiente y sintió más bien que el comprador simplemente estaba comprando otra propiedad de inversión.

Por otro lado, la carta que figura a continuación fue aprobada porque daba una justificación adecuada. Dele un vistazo:

> "Hay un par de buenas razones por las que buscamos comprar otro edificio multifamiliar. Primero, mi esposa y yo tenemos tres hijas, todas niñas, de las cuales las dos más pequeñas comparten actualmente una habitación. Tienen 8, 11 y 17 años. El dormitorio es pequeño, lo que hace que las chicas se peleen constantemente por sus pertenencias personales. Las peleas constantes están causando mucho estrés en nuestro hogar, y debemos darle a cada una de las chicas su propia habitación. La nueva casa tiene cuatro dormitorios, lo cual es una gran mejora de nuestros tres dormitorios y podría darnos esa tranquilidad. Otra razón por la que estamos muy interesados en este nuevo edificio es que tiene un garaje para tres coches. Es muy raro ver una casa de tres familias con garajes. Nuestra situación actual de estacionamiento

> en nuestra casa actual está bien en el verano, pero en el invierno, es una pesadilla absoluta. Entre preparar a los niños para la escuela, raspar el hielo de los vehículos, quitar la nieve y palear, a veces es simplemente demasiado. El garaje para tres coches nos dará más tiempo libre ya que no tendríamos que ocuparnos de limpiar los vehículos.
>
> Muchas gracias de antemano por su consideración".

Estoy seguro de que puede ver por qué se aprobó una sobre la otra. Cuente su historia y de buenas razones para su compra. Estos aseguradores no lo pueden ver por un agujero en la pared. Solo ven las cartas que proporciona.

Ahora, analicemos las cartas de explicación. Algunas cartas requieren más explicaciones que otras. Es posible que necesite cartas que expliquen una consulta de crédito, así como una carta para las brechas en el empleo. Solo proporcione la información necesaria y evite ser ampuloso.

Por ejemplo, vi a alguien dar demasiada información en una carta de consulta de crédito. El banco preguntó sobre una consulta por una tarjeta de crédito de $10.000 que el comprador obtuvo hace casi 4 meses, que ya informaba un saldo de $8.000 en el informe de crédito.

Una simple carta indicando que obtuvo la tarjeta y que ahora se muestra en el informe crediticio habría sido suficiente, pero en cambio, el comprador pasó a contar la historia de toda su vida. En la carta, declaró que obtuvo la tarjeta de crédito para obtener $5.000 en efectivo para comprar la casa. Prácticamente abrió la caja de pandora porque, como recordará anteriormente en el libro, no puede pedir dinero prestado y aplicar esos fondos a la compra de una casa.

Verá, los bancos solo requieren dos meses de extractos bancarios, y él depositó los $5.000 de la tarjeta de crédito hace apenas tres meses, por lo que era irrelevante en ese momento. Como el banco no lo vio, al banco no le importó, pero ahora admitió abiertamente que había obtenido la tarjeta para pedir dinero prestado. En pocas palabras, ahora tenía $5.000 menos para comprar la casa y no pudo completar la compra porque el prestamista no permitió el uso de esos fondos prestados. Sea conciso y mínimo al escribir cartas de explicación.

Obtener un seguro

Obtener un seguro para una propiedad que está comprando es obligatorio antes de cerrar, y no es diferente a obtener un seguro para un automóvil antes de salir del concesionario de automóviles. Asegúrese de comenzar a buscar un seguro lo antes posible y envíe la información de la póliza al prestamista para garantizar que el proceso fluya sin problemas.

Tiene derecho a elegir cualquier compañía de seguros que desee, pero la mayoría de las personas comienzan con la agencia que tiene su póliza de seguro de automóvil. Asegúrese de pedirle al prestamista la "cláusula del acreedor hipotecario", que es una cláusula provisional utilizada entre el prestamista hipotecario y el proveedor de seguros. Proporcionará esta cláusula a su agente de seguros, y luego su agente creará la carpeta de seguros que el prestamista necesitará con esta cláusula enumerada.

La tasación

Aquí hay un dato curioso, solo porque califique para una hipoteca no significa que la propiedad lo hará. Un informe de tasación no se trata solo de valor; también se trata de la condición de la propiedad. El prestamista tiene derecho a denegar un préstamo si no le gusta la garantía. Es importante saberlo. Si está comprando una ejecución hipotecaria o una venta al descubierto, la condición de la propiedad es muy importante para el prestamista, ya que la mayoría de las ejecuciones hipotecarias o las ventas al descubierto están en mal estado.

Ésta es otra razón por la que es tan importante trabajar con un agente de préstamos y un profesional de bienes raíces con experiencia. Debe evitar intentar comprar una casa que el prestamista nunca aprobaría si la casa que está buscando requiere un préstamo de rehabilitación en lugar de uno convencional o FHA.

Una vez que llegue a este punto, y el prestamista tenga el acuerdo de compra y venta, solicitará el informe de tasación. Una vez que llegue el informe de tasación, el prestamista debe darle una copia. Este informe es solo para sus ojos y para los ojos del prestamista. No tiene que compartir la información de este informe a menos que necesite renegociar el precio debido a un valor bajo o si la propiedad necesita algún tipo de reparación para que el prestamista acepte la garantía.

Una vez vi a un comprador compartir la información del informe y estaba comprando la casa por mucho menos de lo que valía. El vendedor se enteró y, como resultado, se retiró del trato para tratar de obtener más dinero por la casa, ya que ahora sabía lo que valía. Por supuesto, podría ir tras ellos e intentar obligarlos a vender, pero para algunas personas, puede que no valga la pena la molestia. De nuevo, una vez que llegue el informe de tasación, será solo para sus ojos.

La espera

Durante una buena parte de este proceso, estará principalmente esperando. Mientras espera, los abogados y el prestamista terminarán un montón de elementos internos. Uno de esos elementos es el título, por ejemplo.

El abogado llevará a cabo una búsqueda de título para asegurarse de que obtenga una titularidad exenta de todo gravamen, y si hay algún gravamen, trabajará para eliminarlo. El título es solo una pequeña parte de todas las cosas internas que suceden mientras espera. Haga un seguimiento de vez en cuando para asegurarse de que no necesite nada más de usted mientras tanto.

> **Consejo: si alquila un apartamento, no lo entregue hasta que tenga una certeza del 100% de que va a cerrar.** La mayoría de las personas a veces no se dan cuenta de que un cierre puede desmoronarse tanto del lado de los vendedores como del lado del comprador. A veces, incluso

puede terminar pagando un mes adicional de alquiler. Pagar un mes adicional de alquiler será mucho mejor que quedarse sin hogar, ya que he visto que esto sucede un buen puñado de veces.

Capítulo 9

Aprobado para cerrar y el cierre

Nada es más emocionante mientras se acerca la fecha de cierre. Puede ser estresante porque, a veces, la gente se apresura a conseguir cosas y documentos a última hora para cerrar el trato. Los vendedores están empacando, el comprador está empacando y, a veces, simplemente puede volverse loco. Luego, recibe esa llamada telefónica y el prestamista le dice que está CTC. ¡¿Qué significa eso?! Vamos a ver.

CTC "Música para mis oídos"

CTC es un acrónimo en inglés de "aprobado para cerrar". Esto significa que el prestamista ha completado todas las tareas y le ha autorizado a cerrar. ¡Esto es literalmente música para mis oídos! Hay algunas cosas para tener en cuenta que la mayoría de las personas no notan.

El hecho de que un prestamista diga que está aprobado para cerrar no significa que el trato no pueda fracasar antes de que firme en la línea punteada. Si deja su trabajo, por ejemplo, antes de cerrar, o compra muebles nuevos o un auto nuevo pensando que todo está listo, bueno, tengo noticias para usted y puede que no sean buenas. Cualquier cambio en su situación crediticia o financiera, incluso después de un aprobado para cerrar podría descalificarlo, es decir, si su relación deuda-ingresos cambia significativamente.

Además, si el prestamista se entera, lo cual estoy bastante seguro de que lo hará, podría perder su aprobación para cerrar y posiblemente incluso sus depósitos en ese momento. Es muy importante que, durante el proceso, hasta que reciba las llaves de su nueva casa, no realice ningún cambio... absolutamente CERO cambios.

Mantenga todo igual. No renuncie a su trabajo porque su jefe sea difícil de tratar o algo por el estilo. He visto a gente llegar hasta la línea de meta y arruinar las cosas y no poder cerrar. Entonces, una vez que obtenga ese CTC, no mueva ni un dedo hasta que haya firmado todos los documentos de cierre y tenga las llaves en sus manos.

El cierre

Este es el momento que estaba esperando ansiosamente. Esto es lo que suele suceder y qué esperar. Unos días antes del cierre, se le notificará la cantidad de fondos que debe traer a la mesa de cierre. Nuevamente, esto sucederá al menos unos días antes. Por lo general, esos fondos deben enviarse mediante cheque certificado. A medida que la tecnología ha avanzado, también lo ha hecho la simplificación de muchos de los procedimientos involucrados en las transacciones inmobiliarias. Uno de esos procedimientos es el uso de transferencias bancarias para enviar fondos. En mi opinión, debe tener cuidado cuando se trata de transferencias bancarias. Ha habido muchos ataques a los sistemas de correo electrónico. De hecho, he tenido un par de experiencias en las que mis compradores recibieron un correo electrónico del abogado indicando que debían transferir el dinero del cierre. Mis compradores me contactaron confundidos para verificar y ver si esto era correcto. Gracias a Dios que lo hicieron porque los correos electrónicos parecían 100% legítimos y tenían todos los números correctos. Lo único es que no fue enviado por el abogado. Fue una estafa para intentar robar el dinero del comprador. No estoy seguro de cómo estos piratas informáticos obtienen la información para intentar esta estafa, pero como lo he visto con mis propios ojos, le recomiendo que tenga mucho cuidado cuando se le pida que transfiera fondos.

Lo más probable es que vaya al banco y obtenga un cheque certificado la mañana o el día antes del cierre. Antes de reunirse con el abogado de cierre, tendrá que hacer un recorrido final por la casa para asegurarse de que esté en las condiciones exactas que se discutieron y que las cosas prometidas se hicieron el día anterior o la mañana del cierre.

Personalmente, siempre sugiero ir a ver la casa la mañana del cierre. Una vez vi a un comprador que vio una casa la noche anterior y luego fue a firmar documentos por la mañana. Cuando llegó a su nuevo hogar y fue a abrir el agua, no salió nada. Tras la inspección, descubrió que alguien entró durante la noche y arrancó todas las tuberías de cobre.

Qué desastre, pero ahora ella era dueña de ese lío, y cuando se le preguntó en la mesa de cierre si había visto la casa y si todo estaba bien antes de firmar, no tenía ni idea de lo que sucedió durante la noche. En otras palabras, estaba estancada con el problema. Por lo tanto, siempre sugiero un recorrido final por la mañana.

Después de recibir el cheque y asegurarse de que la propiedad esté bien, estará listo para firmar. ¡Felicidades! ¡Ahora es un orgulloso propietario! ☺

Capítulo 10

Post-Cierre

¡Esto es fabuloso! Usted es oficialmente propietario de una casa, pero eso no significa que esté libre de problemas todavía. Ser propietario de una casa implica muchas cosas.

A continuación, se incluyen algunos consejos y sugerencias que le ayudarán en su nuevo viaje.

Servicios Públicos

Asegúrese de transferir los servicios públicos a su nombre lo antes posible. Llame a la compañía de electricidad o gas de inmediato y no lo descuide.

Conocí a un comprador que no tuvo electricidad durante dos semanas enteras porque se descuidó y no llamó a la compañía eléctrica.

En caso de que se esté preguntando quién era ese comprador... bueno, ¡fui yo! Estaba tan ocupado que me olvidé por completo de cambiar la electricidad, y ahí lo tiene. No tuve electricidad durante dos semanas enteras.

Revise sus ventanas

Lo crea o no, entre el 25% y el 30% de la pérdida de calor se produce a través de las ventanas, pero no tiene por qué ser así. El burlete es una solución simple y rentable, así que asegúrese de verificar si hay corrientes de aire y luego diríjase a una ferretería local, como Home Depot o Lowes.

Mangueras y grifos de agua para exteriores

Si vive en un área con clima frío, como yo, asegúrese de cerrar la válvula de agua de los grifos exteriores y desconecte las mangueras de agua antes de que bajen las temperaturas.

Esto es para evitar que las tuberías se congelen y revienten. Puede volver a encenderlo todo en la primavera.

Busque grietas

Es una buena idea caminar por el exterior de la casa y buscar grietas en la calzada, la entrada e incluso los cimientos.

Una vez que los detecte, rellene las grietas para evitar que el agua entre y se congele en el invierno. El agua se expande cuando se congela, por lo que poco a poco, a medida que entra en estas grietas, se congela y se expande, puede agravar un pequeño problema con el tiempo.

Filtros y Calefacción

Si tiene un sistema de calefacción o refrigeración HVAC, asegúrese de tener filtros limpios y de calidad. Los filtros obstruidos pueden costarle dinero.

También es una buena idea buscar una empresa local que le dé a su sistema de calefacción, sin importar si es de petróleo, gas o propano, una limpieza anual para que funcione de manera eficiente. Estos sistemas pueden durar toda la vida si se mantienen adecuadamente.

Linternas y baterías

Siempre es una buena idea tener baterías adicionales en la casa para linternas, alarmas de incendio o cualquier otro uso de emergencia. Nunca está de más estar preparado.

No ignore las hojas

Una vez que llegue el otoño, asegúrese de recoger todas las hojas. Cuando se mojan, pueden asfixiar el césped y provocar todo tipo de problemas de insectos y enfermedades. Además, ¿quién quiere un jardín lleno de hojas en lugar de una hermosa hierba verde?

Revise si hay fugas de agua

Esto es muy importante. Tendrá que pagarle a la ciudad por el agua y el alcantarillado a menos que tenga un pozo y un alcantarillado privados, lo que puede resultar caro si tiene una fuga desconocida en algún lugar.

Es bueno revisar los inodoros para asegurarse de que no estén corriendo constantemente y verificar que los grifos interiores y exteriores no goteen. Esto puede ahorrarle mucho dinero a largo plazo.

Su pago fijo no es tan fijo

Lo más probable es que haya obtenido una tasa hipotecaria fija, pero dentro del primer o segundo año de propiedad de la vivienda, es posible que vea un cambio en el pago de su hipoteca debido a los depósitos en garantía. Por lo general, recibirá una carta titulada "Escasez de fideicomiso".

Esto ocurre cuando los impuestos y el seguro se incluyen como parte de su pago. Entonces, mientras que su capital e intereses están fijos por 30 años, sus impuestos y seguro no. Dependen completamente de la ciudad o pueblo en el que vive, así como de la compañía de seguros que seleccionó para la póliza de seguro de propietario de vivienda. Debido a esto, verá un cambio en su pago de vez en cuando a medida que el prestamista realiza ajustes para mantenerse al día con esos pagos. Le pasa a todo el mundo, así que no se asuste si ve un cambio. No significa que no tenga una tarifa fija si eso es lo que eligió.

Una nota final

Gracias por tomarse el tiempo para invertir en esta guía y, al hacerlo, invertir en usted y en el futuro de la compra de su vivienda. Espero que termine este libro y comience un futuro inspirador y emocionante comprando vivienda. Solo quería terminar deseándole lo mejor y recordándole una última vez: ¡el precio no importa, el pago sí!

-*Julio C Roque*

www.ingramcontent.com/pod-product-compliance
Lightning Source LLC
Chambersburg PA
CBHW070922080526
44589CB00013B/1401